LE PIÈGE DE L'INDÉPENDANCE

Le Québec sera-t-il affaibli par la souveraineté?

Kimon Valaskakis **PhD** est professeur-titutaire de sciences économiques à l'Université de Montréal, président-fondateur de l'Institut **GAMMA** et associé-fondateur de l'**ISOGROUP CONSULTANTS,** une firme internationale de gestion stratégique. Qualifié par l'hebdomadaire britannique *The Economist,* «d'un des chercheurs les plus lucides du Canada», il intervient régulièrement dans les médias et par ses écrits dans les domaines de la prospective et de la planification stratégique. Il est l'auteur de huit livres et d'une soixantaine d'articles scientifiques.

Angéline Fournier **LLM** est vice-présidente de l'Institut **GAMMA** et consultante d'**ISOGROUP CONSULTANTS.** Juriste de formation, titulaire d'une maîtrise de droit commercial de l'Université de Paris V, du barreau de Paris et d'un Master of Law de l'Université McGill, elle a étudié en outre au Centre des Communautés européennes à Paris. Comme consultante et chercheure, elle s'intéresse depuis de nombreuses années à la prospective sociale, économique et politique de la société canadienne, au Canada, aux États-Unis et en France. Elle publie régulièrement sur ces questions et elle est co-auteure d'un livre sur le Québec.

L'**INSTITUT GAMMA** est un organisme non partisan de prospective qualifié par le quotidien parisien Le Monde comme «centre de notoriété internationale». Siégeant à Montréal et jouissant d'un réseau international de collaborateurs, il analyse les grandes tendances de la société, construit des scénarios alternatifs et travaille en étroite collaboration avec **ISOGROUP CONSULTANTS** pour faire la jonction entre la prévision et la planification stratégique.

Kimon Valaskakis et Angéline Fournier

LE PIÈGE DE L'INDÉPENDANCE

Le Québec sera-t-il affaibli par la souveraineté?

avec la collaboration de:
Yannis Philopoulos
Stephen Wishart

L'ÉTINCELLE ÉDITEUR
MONTRÉAL-PARIS

Correction des épreuves: Roger Magini

DIFFUSION:

Canada: Dimedia, 539 Boulevard Lebeau, Saint-Laurent, Québec
☎514-336-3941 FAX 331-3916

France-Belgique: Quorum-Magnard, 129, rue Marcel-Hartmann,
94700 Ivry-sur-Seine, ☎(1)49.59.50.50 FAX 46.71-05.06

Suisse: Diffulivre, 39-41, rue des Jordils, 1025 Saint-Sulpice
☎21-691-5331 FAX 691-5330

Des particuliers ou des groupes peuvent commander ce livre aussi de l'éditeur, dans l'éventualité où il n'y aurait pas de librairie à proximité. Pour toutes informations supplémentaires, téléphoner sans frais au 1-800-481-2440

Dépôts légaux, 1er trimestre 1995, Bibliothèques nationales du Québec, du Canada, de Paris et de Bruxelles

L'éditeur remercie le Ministère de la Culture du Québec et le Conseil des Arts du Canada pour leurs programmes d'aide à l'édition.

TABLE DES MATIÈRES

Préface 9

Introduction: La «souveraineté» nationale à l'aube du troisième millénaire 13

Qu'est-ce que la «souveraineté»? 15
La toile de fond: Un monde en pleine mutation 22

PARTIE I
L'argumentaire «souverainiste»: dix mythes qui perdurent 39
Mythe 1: Le fédéralisme canadien est rigide et immuable . . 41
Mythe 2: L'état fédéral canadien est trop centralisateur 51
Mythe 3: Le fédéralisme coûte cher aux Québécois 70
Mythe 4: Un Québec indépendant pourra se soustraire facilement à l'endettement canadien 91
Mythe 5: L'union économique Québec-Canada est «dans le sac» 106
Mythe 6: L'adhésion du Québec à l'ALENA se fera sans difficulté 126
Mythe 7: Un Québec indépendant sera plus compétitif qu'au sein de la Fédération canadienne 137
Mythe 8: Le plein-emploi sera facile à réaliser dans un Québec indépendant 149
Mythe 9: Le peuple québécois a le droit à l'autodétermination 160
Mythe 10: La langue et la culture françaises seront mieux protégées dans un Québec indépendant 172

PARTIE II
Résumé et conclusions 185
Les dix mythes en perspective 187
Tableau synthèse 198
Bibliographie sélective 200

PRÉFACE

A l'heure des remises en question, des interrogations et des grands choix de société, l'INSTITUT GAMMA , organisme de prospective non partisan, a voulu apporter sa contribution au débat. Nous avons donc fait une étude de la validité de l'option indépendantiste pour l'avenir du Québec, à l'aube du troisième millénaire. L'INSTITUT GAMMA, dont la vocation est l'analyse critique des tendances, l'explication de futurs possibles et/ou souhaitables et des cheminements alternatifs pour les réaliser, ne pouvait rester hors du débat. L'INSTITUT GAMMA, qui a toujours encouragé ses chercheurs à promouvoir des points de vue très différents et quelquefois contradictoires, n'a jamais exprimé d'opinion politique et ne compte pas le faire dans l'avenir. Sa spécificité est d'encourager les penseurs et gens d'action à «voir large» et «voir loin» par une approche interdisciplinaire et une analyse à long terme. Par conséquent, les vues exprimées dans ce livre ne sont pas celles de l'INSTITUT, mais plutôt celles de ses auteurs qui parlent à titre de citoyens engagés et fiers de participer à ce débat de société auquel nous sommes tous conviés. Car, comme le disait si bien Sénèque: *«Il n'y a point de vent favorable pour celui qui ne sait où il va.»* Il faut que tous les Québécois fassent partie du débat, examinent d'un esprit critique tous les aspects du problème et décident une fois pour toutes de leur orientation future.

Ce livre ne cache pas ses couleurs. Il s'agit d'un plaidoyer contre l'indépendance du Québec, basé sur l'analyse des dix mythes indépendantistes les plus répandus et les plus cités. Nous mettons en évidence les faiblesses, voire les erreurs d'analyse que nous percevons dans la thèse de ceux qui défendent l'indépendance du Québec. Ces erreurs peuvent se diviser en trois groupes. Dans un premier type d'erreurs à caractère «diagnostic», certaines croyances erronées mènent à une analyse du présent et du passé, déconnectée de la réalité. Tel est le cas lorsque l'on affirme que le Québec ne bénéficie pas et n'a jamais bénéficié de son appartenance au Canada. Dans un second type d'erreurs à caractère «prévisionnel», les diagnostics superficiels entraînent des conclusions fantaisistes, telle la conviction des indépendantistes, qu'un Québec indépendant est incontournable pour le Canada anglais, qui acceptera, donc, n'importe quelle concession dans le but de maintenir l'union économique. Enfin, dans un troisième type d'erreurs, de nature «stratégique», le problème est adéquatement identifié, mais les solutions choisies pour le résoudre sont tout à fait inappropriées. Ceci est particulièrement frappant dans l'analyse qui est faite du fait français en Amérique du Nord et des stratégies à mettre en œuvre pour promouvoir son épanouissement. Dans une étude commanditée par le Conseil de la langue française à l'Institut GAMMA au milieu des années 80, les chercheurs de l'Institut ont conclu qu'il existait certainement une menace importante pour la langue française en terre d'Amérique. Mais ils ont conclu à l'époque, comme nous le concluons aujourd'hui, que pour protéger la culture et la langue française du Québec, l'indépendance était la pire stratégie. Même si les indépendantistes ont bien identifié le problème ils font une grave erreur en favorisant la thèse «français ici, anglais ailleurs». Ces trois types d'erreurs se retrouvent dans l'essentiel de l'argumentaire indépendantiste.

Nous tenons à remercier nos chercheurs et tout particulièrement Yannis Philopoulos et Steve Wishart qui ont contribué par leurs recherches à la rédaction de cet ouvrage. Nous voulons aussi remercier tous ceux qui ont permis de mener à bien cet ambitieux projet, et notamment Aurèle Beaulnes, le Dr Yves Rabeau et le Dr Daniel Seni.

C'est donc dans un esprit d'ouverture et de dialectique éclairée que nous présentons les arguments de ce livre, en nous adressant à tous les lecteurs, qu'ils soient fédéralistes, autonomistes, associationnistes, séparatistes, indépendantistes ou indécis. Nous offrons des critiques directes, mais sollicitons les répliques sérieuses de ceux qui le voudront, pour alimenter le débat de société qui s'amorce et assurer que les citoyens fassent un choix en toute connaissance de cause.

Kimon Valaskakis et Angéline Fournier
Montréal, décembre 1994

INTRODUCTION
La «souveraineté» nationale à l'aube du troisième millénaire

QU'EST-CE QUE LA «SOUVERAINETÉ»?

Maîtres chez nous?
La souveraineté symbolique
La souveraineté juridique
La souveraineté réelle

LA TOILE DE FOND: UN MONDE EN PLEINE MUTATION

Comprendre la mondialisation
Comprendre les contre-tendances
Conclusion

QU'EST-CE QUE LA SOUVERAINETÉ?

Maîtres chez nous?

Au milieu des années 70, une comédie musicale américaine intitulée «Arrêtez le monde; je veux en sortir» («Stop the world. I want to get off») faisait fureur à Broadway. Elle reflétait le désir de certaines personnes, qui voulaient arrêter la planète Terre et la quitter. On était en pleine crise énergétique, accompagnée de «stagflation» et des inquiétudes suscitées par la pollution croissante, les dangers de la Guerre Froide, le terrorisme, etc. Les citoyens voulaient en finir avec les mauvaises nouvelles. C'était l'époque des «décrocheurs», des contestations, de la remise en cause de la société de consommation.

Chaque époque de l'histoire du monde a connu ses contestations. Aujourd'hui, au milieu des années 90, la complexité de notre mode de vie, qui entraîne une perte d'autonomie pour l'individu, en prise avec des forces qu'il ne contrôle plus, nous incite à exprimer un peu le même désir. Nous en avons assez, confrontés à la crise du chômage, à la récession dont nous commençons à peine à nous sortir, à l'endettement de l'État qu'il est difficile de contrôler, aux coupures budgétaires qui se multiplient sans que l'on puisse en voir les effets bénéfiques, à la réduction de la protection sociale et à l'appauvrissement grandissant. Nous voulons «nous en sortir», être «maîtres chez nous», «contrôler notre destin». C'est notre façon moderne de faire revivre le mouvement des «décrocheurs» des années 70.

Quelle forme peut prendre ce désir contemporain d'évasion et ce besoin de contrôler le destin des siens, dans un monde à la dérive? Tout dépend des pays et des cultures. L'histoire de notre monde moderne abonde d'exemples, des plus pacifiques aux plus destructeurs. Le «divorce à l'amiable» entre les Tchèques et les Slovaques, qui, nous le verrons plus loin, ne s'est toutefois pas fait sans douleurs, et les poussées démocratiques d'indépendance, sont des manifestations «pacifiques» du besoin de contrôler son destin. L'exemple du mouvement indépendantiste du Québec est à ce titre particulièrement intéressant, puisqu'il a repris un nouveau souffle au début des années 90, à la même époque où il est devenu évident que les États n'avaient peut-être plus autant de marge de manœuvre que dans les décennies précédentes. Bien entendu, d'aucuns prétendront que le débat constitutionnel fut la goutte qui fit déborder le vase. On peut toutefois penser qu'un malaise d'un tout autre ordre s'est cristallisé dans le débat constitutionnel et a abouti à une résurgence du mouvement indépendantiste au Québec: une certaine perte de contrôle des États sur les solutions à apporter aux problèmes de plus en plus complexes que vivent nos sociétés modernes.

Dans d'autres pays, le besoin d'autonomie, le désir de choisir une orientation ou de se protéger des «mauvaises influences» a malheureusement pris une forme violente: celle de l'intégrisme religieux ou du fanatisme ethnique, symbolisé par la lutte des intégristes musulmans contre le «grand Satan» américain (Iran) ou étranger (Égypte et Algérie, où une minorité religieuse intégriste a commandité une vague d'assassinats d'étrangers). Au Rwanda, en 1994, être Tutsi en territoire hutu, ou Hutu en territoire tutsi, équivalait à un arrêt de mort. L'ex-Yougoslavie est ravagée par des luttes ethniques et une violence généralisée.

Derrière chacune de ces manifestations, on retrouve une volonté croissante d'être autonome, de contrôler son destin et de choisir un cap dans un monde à la dérive.

Ainsi, au Québec, ce besoin se traduit-il par un renouveau du mouvement «indépendantiste» qui prône la «souveraineté» du Québec. Le mot de souveraineté a une signification assez floue et pose des difficultés, même aux experts. Il faudrait au moins quatre diplômes universitaires pour le comprendre: en science politique, en droit international, en économie internationale et en psychologie sociale. En effet, le terme souveraineté signifie, dans certains cas, l'exercice du pouvoir, ou le partage des pouvoirs et des responsabilités au sein de l'appareil de l'État. Dans d'autres cas c'est l'environnement mondial qui détermine les domaines dans lesquels la souveraineté peut en fait être exercée; et on peut dire, enfin, que plusieurs éléments du projet souverainiste québécois relèvent du domaine des symboles, de la culture et de l'histoire sociale. Le sens précis du mot est donc difficile à cerner. Voilà sans doute pourquoi, depuis 20 ans, la souveraineté peut vouloir dire tant de choses à la fois. Plusieurs y voient une panacée, un remède final, un *deus ex machina* au marasme actuel. Pour clarifier le débat nous proposons dans un premier temps, de démystifier le concept à partir de trois interprétations distinctes: la souveraineté «symbolique», la souveraineté «juridique» et la souveraineté «réelle».

La souveraineté symbolique

On trouve au cœur de la notion de souveraineté un qualificatif d'autorité. Le dictionnaire canadien de la langue française définit la souveraineté comme étant «l'autorité absolue, la décision sans appel, le pouvoir total». Etre souverain c'est être «suprême, parfait, excellent». La notion prend ses racines dans la doctrine de droit divin des rois selon laquelle «Dieu octroie aux rois le pouvoir absolu sur terre à être exercé en son nom». Louis XIV, par exemple, a utilisé ce concept pour justifier sa fameuse déclaration: «L'État c'est moi». Il n'est donc pas surprenant de constater que les rois s'appellent des «souverains», bien que de nos jours ils n'exercent que peu d'autorité réelle, mais plutôt une souveraineté symbolique.

Il y a aujourd'hui un peu plus de deux cents États dans le monde qui peuvent prétendre à la «souveraineté». Moins de cinquante d'entre eux jouissent d'une autorité réelle sur les principaux problèmes qu'ils doivent résoudre. La grande majorité des États reste très dépendante du monde extérieur qu'elle ne contrôle pas. Pourtant, tous ces États se sont dotés des symboles de la souveraineté : palais présidentiel, drapeau, hymne national, ambassades, postes frontières avec gardes en uniforme etc. Prenons l'exemple de la Principauté de Monaco. Le prince Rainier est le souverain incontesté de Monaco qui ne fait pas partie de la France et possède son propre système fiscal réduit à son strict minimum (car la Principauté vit essentiellement des retombées économiques et touristiques de l'exploitation du fameux Casino de Monte Carlo). Les sujets du prince sont des citoyens monégasques. Par contre, il n'y a aucune frontière réelle entre les deux pays, aucune armée monégasque et la Principauté est entièrement dépendante des infrastructures de la France. Cette dernière pourrait, si elle le souhaitait, couper l'eau ou l'électricité et occuper Monaco avec un petit détachement de gendarmes, sans autre forme de procès. Pourtant le faste, le cérémonial et le symbolisme associés au souverain sont restés intacts. Extrêmement pittoresques, ils ne sont pas sans rappeler les meilleurs moments des opérettes de Gilbert et Sullivan.

Certains analystes prétendent qu'en dernière analyse, la souveraineté que souhaitent les Québécois serait surtout symbolique et que rien ne changerait vraiment, mis à part le cérémonial des affaires publiques. Dans cette hypothèse, le peuple québécois ne serait pas plus souverain que l'actuelle reine d'Angleterre, «souveraine» incontestée du Canada, ou que certains États américains qui s'appellent souverains. On parle du «Sovereign State of Georgia» et du «Sovereign Commonwealth of Massachusetts». Au Vermont, une tradition charmante permet un plébiscite périodique visant à réévaluer l'appartenance aux États-Unis. Mais c'est toujours de l'opérette. On sait ce qui est arrivé la dernière fois que certains États américains ont voulu se séparer de la fédération américaine: la guerre civile a définitivement réglé la question et en ce qui concerne les États-Unis, «Sovereign State» ou pas, la Fédération est indivisible et les sécessionnistes considérés comme des traîtres. Le symbolisme s'arrête là. On peut dire ce qu'on veut, on peut se payer le luxe de drapeaux, d'hymnes et d'images décoratives sans avoir aucune possibilité d'influencer le cours des événements dans le monde ou de changer quoi que ce soit dans la vie pratique.

La souveraineté juridique

La souveraineté juridique, nous fait entrer dans le domaine de la «préséance» des institutions, des lois et des règlements. Lorsque deux ou plusieurs organismes législatifs se prononcent sur le même sujet, qui aura le dernier mot? L'organisme «souverain» est celui dont la décision est sans appel. Le débat sur l'accord du Lac Meech de 1990 a touché à cette question. Si la «clause de la société distincte» du Québec avait obtenu préséance sur la «Charte canadienne des droits», l' Assemblée nationale du Québec aurait alors pu légiférer «souverainement» dans certains domaines en invoquant cette préséance. Les choses auraient été inversées si la Charte avait eu préséance. Cette question est restée sans réponse et fut l'une des principales raisons du rejet des Accords du Lac Meech.

Il est à signaler que la revendication de la préséance juridique peut devenir «contagieuse». Les derniers mois de l'URSS ont été marqués par une surenchère de «préséance» de plusieurs instances juridiques. Le Parlement de la République russe voulait avoir préséance sur le Parlement soviétique, mais à leur tour les Parlements des régions de la République russe voulaient aussi avoir préséance sur les décisions du Parlement de Moscou. Le cycle centrifuge infernal conduisit à une fragmentation de l'URSS. Au Canada, on a pu entrevoir les prémisses d'une telle surenchère dans la crise mohawk de 1990 et dans l'accord rejeté de Charlottetown. La question reste entière: si le Québec devient souverain, comment empêcher les Mohawks, les Cris et Innus de souhaiter la même chose? Et comment, par la suite, empêcher d'autres «séparations dans la séparation»?

Il y a lieu de noter que le concept même du fédéralisme est une reconnaissance de la notion d'une souveraineté partagée, comme nous l'expliquerons plus loin. Le gouvernement fédéral a le dernier mot dans certains domaines, les gouvernements provinciaux dans d'autres et les deux partagent des domaines de souveraineté. Par conséquent, il existe des secteurs dans lesquels les gouvernements provinciaux sont effectivement «souverains» lorsque leurs décisions sont sans appel et d'autres dans lesquels le gouvernement central a le dernier mot.

La souveraineté réelle

Jusqu'où peut aller la «souveraineté juridique»? Ici les indépendantistes se laissent entraîner dans une passion émotive qui est déconnectée de la réalité. Certains discours laissent penser que l'avenir du monde se décide à deux endroits: Ottawa ou Québec. On nous invite à créer un nouveau pays, comme si nous allions être les heureux gagnants de la loterie et que nous allions choisir et décorer notre nouvelle maison avec des fonds illimités. Allons-nous choisir peinture ou papier peint, salon moderne ou salon de style, tapis ou parquet en chêne? Cette illusion d'un Québec à choix multiples est à la fois charmante et irréelle. On apprendra, hélas, que la plupart des choses dans ce monde ne se décident ni à Ottawa ni à Québec. Tel le roi Canut, qui, tout souverain qu'il était, n'a pu arrêter les vagues, il existe des vagues de changement qui échappent à la juridiction du Parlement canadien et de l'Assemblée nationale du Québec, souverains ou non.

Car la souveraineté «réelle» implique l'exercice d'un pouvoir effectif et réel dans un certain nombre de domaines. Il faut que l'État, qui prétend être souverain, puisse influencer le débat, sans quoi il ne s'agit que d'une souveraineté symbolique et d'illusions psychosociales. La question sous-jacente de ce livre est donc la suivante: dans le contexte de la mondialisation, de la montée des interdépendances et de l'affaiblissement des petits États-nations, l'indépendance du Québec est-elle le meilleur moyen de réaliser les aspirations légitimes du peuple québécois et d'améliorer son bien-être, en augmentant sa marge de manœuvre et sa capacité réelle à maîtriser son avenir?

En 1980, les Québécois ont collectivement répondu par la négative à cette question. En 1995, nous sommes convaincus, après une étude approfondie de la question, que les intérêts du Québec invitent à un second refus. Cette conclusion est renforcée par une lecture objective de l'environnement international, qui a créé des contraintes et des opportunités pour le Québec.

Nous pensons donc que les aspirations des Québécois sont tout à fait légitimes, mais qu'il est complètement irréaliste de choisir l'indépendance pour les concrétiser. À l'intérieur du Canada, il y a bien d'autres moyens plus efficaces et plus directs, qui permettent de concrétiser les meilleurs éléments du projet de société québécois. Le recours à l'indépendance du Québec nous paraît inutile, dépassé, voire risqué pour le développement de la société québécoise, qui verra sa marge de manœuvre réduite, sa puissance réelle et sa souveraineté tronquées.

Nous commencerons donc par dresser la toile de fond du nouvel ordre international de 1995, afin d'analyser les opportunités et les contraintes qu'il entraîne. Par la suite, nous examinerons avec un regard à la fois nuancé et critique les dix mythes les plus utilisés pour soutenir la thèse indépendantiste. Dans la plupart des cas, ils semblent être la conséquence d'erreurs de diagnostic, de sophismes et de mythes qui perdurent. Nous invitons le lecteur à lire notre contre-argumentaire avec un esprit ouvert et dialectique.

LA TOILE DE FOND: UN MONDE EN PLEINE MUTATION

COMPRENDRE LA MONDIALISATION

La montée des interdépendances

Un survol de l'état de la planète en 1995 nous porte à affirmer que l'idée d'un Québec indépendant qui serait «souverain», se heurte de plein front à l'interdépendance croissante due à la mondialisation. La «mondialisation», ce mot cliché, décrit cependant une réalité qui se caractérise par une montée des interdépendances et une transformation de la planète terre en un véritable «village global», comme le disait Marshall McLuhan. Quels sont les éléments composant ce «village global»?

En premier lieu, on notera que la révolution dans le domaine des télécommunications a créé un réseau électronique mondial, que l'on appelle aujourd'hui «l'autoroute informatique». Cette autoroute a deux «voies». L'une est formée du réseau de câblo-distribution (par câble coaxial et fibre optique) et l'autre du réseau de téléphonie numérique, qui rend possible la transmission à distance de voix, de données et d'images, par câble ou par ondes hertziennes: chaque individu pourra, n'importe où dans le monde, être branché sur l'autoroute informatique 24 heures sur 24, par le téléphone cellulaire, désormais miniaturisé et personnel.

La révolution des télécommunications est complétée par l'évolution, moins spectaculaire mais néanmoins réelle, des transports, particulièrement des transports aériens, qui entraîne une réduction des distances sur notre planète. D'après l'OCDE, près de 50 % du commerce mondial se fait maintenant par voie aérienne. Sur les marchés locaux on trouve maintenant des produits d'origines lointaines, transportés par avions-cargos. Les individus se promènent en avion, d'un bout à l'autre de la planète. Il n'y a donc plus de chasse gardée et tout le monde fait concurrence à tout le monde.

De plus, dans ce «village global» des télécommunications et des transports, la pollution se moque des frontières nationales, qu'elle traverse, sans visa ni passeport. L'amincissement de la couche d'ozone est un phénomène planétaire et le réchauffement mondial ne peut être enrayé par des déclarations unilatérales de souveraineté. Les climatologues prétendent même que les battements d'ailes d'un papillon de la forêt tropicale africaine peuvent influencer la pluviométrie en Amérique du Nord. Qu'on le veuille ou non, la planète «écologique» est quasiment indivisible et nous devons composer avec l'interdépendance environnementale planétaire, même si la constitution d'un pays en accorde la juridiction à un gouvernement provincial.

Les hommes et les femmes de tous les pays ont maintenant un destin commun par la multiplication des interdépendances, comme dans les domaines de la sécurité géopolitique (crise du Golfe en 1990-1991), des retombées radioactives (Three Mile Island et Tchernobyl), de la transmission des maladies (SIDA, choléra, grippes, etc.), ou même de la culture (les téléspectateurs du monde regardent souvent des émissions communes: coupes du monde, olympiades, séries télévisées américaines).

La mondialisation de la production et l'essor des entreprises apatrides

La mondialisation de la «production», beaucoup plus importante que la seule mondialisation des «marchés», est le volet économique du phénomène d'interdépendance. L'essor du commerce international à l'échelle de la planète n'est pas nouveau. Dès la fin du XIXe siècle, le centre du monde était l'Atlantique Nord, avec ses deux rives européenne et nord-américaine. Gravitant autour de cet axe, le monde colonial (Afrique et Asie) fournissait aux métropoles les matières premières pour alimenter leur industrialisation.

Mais la mondialisation de la production entraîne une nouvelle division du travail, qui modifie profondément les rapports de production. De 1850 à 1970, la spécialisation mondiale s'est faite au niveau des produits. Chaque pays se spécialisait dans la production de certains biens, par laquelle il jouissait d'un avantage comparatif au niveau des coûts relatifs. Depuis une vingtaine d'années, la spécialisation des produits a été progressivement remplacée par une spécialisation au niveau des composantes de produits. Les automobiles, par exemple, deviennent progressivement des marchandises «apatrides»: les composantes peuvent venir de plusieurs endroits du globe, certaines Honda fabriquées dans l'Ohio contiennent plus de composantes américaines que certaines Chrysler dont les composantes viennent du Japon. Ainsi, l'expression «made in Canada, USA, France», etc., perd de sa signification avec la mondialisation des processus de production.

Pendant ce temps, la révolution des transports et des communications transforme l'entreprise multinationale, agent structurant de cette mondialisation de la production, en entité elle-même apatride. Il est maintenant possible d'avoir une véritable délocalisation de la production à l'échelle planétaire. Les filiales de multinationales se spécialisent dans des composantes de produits qui viennent de tous les points du globe, pour être ensuite assemblées à un point central. Cinquante pour cent du commerce dit «international» qui s'effectue dans la «Triade», composée de l'Europe, l'Amérique du Nord et l'Asie du Sud-Est, est, en réalité, un commerce entre les filiales de firmes multinationales. Les facteurs de production (travail, capital, ressources et technologie) deviennent sans cesse plus mobiles et se jouent des frontières.

Plus les principaux facteurs de production d'une industrie sont techniques plus cette dernière est mobile, car le matériel informatique, les logiciels et surtout la matière grise se jouent plus facilement des frontières. Aujourd'hui, les entreprises mondiales fondent leurs décisions de localisation industrielle sur des critères de rentabilité et accessoirement sur des critères de nationalisme économique: les décisions financières étant objectives et non pas sentimentales, une compagnie québécoise pourrait décider, sans aucune difficulté, de déménager ses usines au Mexique afin de réduire ses coûts de production, même si son président était indépendantiste. Plus l'entreprise grandit, plus elle devient apatride, au point même de perdre entièrement sa nationalité d'origine: ses produits sont apatrides, ses cadres supérieurs sont internationaux, ses actionnaires sont des holding internationaux et son siège social est choisi en fonction de considérations fiscales et non culturelles ou nationalistes.

L'affaiblissement des petits États-nations

L'essor des entreprises apatrides, cause et conséquence de la mondialisation de la production, a un effet dévastateur sur la marge de manœuvre et le pouvoir effectif des petits États-nations. Dans un système ouvert, où les facteurs de production se déplacent à volonté, l'entreprise et les entrepreneurs «mondialisés» peuvent brandir le spectre d'un déménagement imminent, s'ils ne sont pas satisfaits des politiques d'un gouvernement, même si ce gouvernement est le leur. Cette menace permanente plane comme une épée de Damoclès sur la tête de tous les gouvernements, surtout sur celle des petits États, qui doivent redoubler de zèle pour attirer et garder les entreprises mobiles, au prix parfois de concessions fiscales coûteuses. La mondialisation de la production entraîne une perte de puissance des gouvernements, due à l'écart grandissant qui semble se dessiner entre l'espace économique des entreprises (qui deviennent planétaires) et l'espace de juridiction politique d'un gouvernement limité par les frontières nationales ou provinciales.

Cette perte de puissance des gouvernements se reflète d'ailleurs dans l'évaluation des budgets annuels. Après le dépôt d'un budget par le ministre des Finances, on ne demande plus la réaction des électeurs mais plutôt celle des «marchés financiers», qui peuvent punir les gouvernements délinquants par une fuite massive de capitaux. Mille milliards de dollars, en quête d'une rentabilité maximale, gravitent chaque jour autour du globe, par la voie de l'autoroute électronique. Devant ce véritable tourbillon, les petits gouvernements ne peuvent que s'incliner et essayer de profiter des vagues. Quant aux «grands» gouvernements eux-mêmes, ils peuvent dans certains cas se trouver démunis. Une attaque acharnée contre le dollar américain par le mille milliards de capitaux mobiles ne pourrait, en aucune façon, être enrayée par la Federal Reserve américaine, et la concertation des banques centrales des pays du G-7 ne permettrait pas de contenir une vague hostile d'attaques spéculatrices. La menace de déménagement et le spectre de fuites de capitaux ont donc pour effet de profondément réduire la puissance effective de tous les gouvernements et de rendre encore plus symbolique un éventuel concept de souveraineté.

COMPRENDRE LES CONTRE-TENDANCES

Devant le raz-de-marée explosif de la mondialisation, certaines sociétés s'inquiètent et se posent, à juste titre, des questions fondamentales. La réaction de: «Arrêtez le monde, je veux en sortir», évoquée plus haut, n'est nullement irrationnelle. La menace d'être emporté par des vents que l'on ne contrôle pas est à juste titre insécurisante. Le désir de choisir un cap et d'utiliser une boussole est louable. Mais quel cap et quelle boussole? On remarque, en observant ce qui se passe dans le monde d'aujourd'hui, que cinq tendances se dessinent en réaction à la mondialisation envahissante:

1-la résurgence de l'État-nation, formule très à la mode en Europe de l'Est;

2-l'essor de l'intégrisme religieux dans les pays musulmans;

3-les mouvements décentralisateurs au sein des États-nations;

4-les tentatives de «continentalisation» à l'européenne et à l'américaine;

5-la mondialisation politique et sociale qui met le cap sur un éventuel gouvernement planétaire.

La riposte nationaliste: du rêve à la réalité

A l'est de la ligne Oder-Neisse, la frontière entre l'Allemagne et la Pologne, on a redécouvert depuis 1989 les joies et vicissitudes du nationalisme à outrance. Longtemps sous le joug totalitaire soviétique, les anciens pays du COMECON ont célébré leur libération en épousant à la fois le marché capitaliste et une forme avancée de tribalisme.

L'Union soviétique s'est morcelée en républiques qui envisagent chacune à son tour d'avoir sa propre monnaie, ses propres institutions, ses politiques d'immigration, etc. Certaines de ces républiques ont même hérité d'un arsenal nucléaire. Et puisqu'aucune d'entre elles n'a de population ethnique homogène, les luttes tribales se transforment en conflits intra et inter-républiques. A tout moment une guerre peut se déclencher entre l'Arménie et l'Azerbaïdjan, ou entre musulmans et chrétiens d'autres républiques. Les Tchétchènes veulent se séparer sans l'accord de la Russie et les perturbations causées par l'éclatement de l'URSS sont si traumatisantes, que certains prédisent un retour à un régime totalitaire de droite ou de gauche et une reconstitution éventuelle de l'empire russe.

L'ex-Yougoslavie, qui avait par le passé offert au monde «le modèle yougoslave», un système de cogestion fort intéressant, s'est laissée aller à une orgie de tueries à caractères ethnique et religieux. Les Serbes, les Croates, les Bosniaques, les Skopljiens, etc. s'affrontent depuis déjà trois ans, malgré la présence des Casques Bleus des forces internationales des Nations unies. La situation humaine est catastrophique et le nationalisme atteint son paroxysme.

L'expérience du divorce à l'amiable vécu par l'ex-Tchécoslovaquie est plus intéressante. On a parlé d'une «séparation tranquille» ou d'une «rupture en velours», et certains la citent comme un exemple prometteur pour le Canada. Nous verrons que la théorie n'a en rien ressemblé à la pratique et que de nombreuses difficultés sont nées de cette séparation. Quels sont les enseignements de cette rupture? Nous identifions six leçons à tirer de cette expérience :

1. *La menace de séparation, même si elle est utilisée comme stratégie de négociation, peut mener au divorce par «erreur»*

En Slovaquie, l'indépendance s'est faite sans volonté de la majorité. En juillet 1992, 49 % des Slovaques favorisaient, le maintien d'un lien fédéral ou d'un État unitaire tchécoslovaque, tandis que 46 % d'entre eux préféraient la création d'un lien confédéral (sorte de souveraineté-association) (30 %), ou une indépendance pure et dure (16 %). Néanmoins, les Slovaques, dans l'espoir d'arracher certaines concessions constitutionnelles aux Tchèques, avaient appuyé majoritairement des partis fédéraux et provinciaux qui préconisaient une rupture du lien fédéral. La séparation du pays est devenue évidente, lorsque le gouvernement fédéral tchèque a décidé de laisser les Slovaques se séparer.

2. *Après une séparation même «tranquille», la souveraineté-association est une option difficilement réalisable*

Plusieurs Slovaques favorisaient une sorte de lien confédéral avec la république tchèque. Cela semble difficilement réalisable, comme le montre l'expérience tchécoslovaque. Les Slovaques voulaient une sorte de souveraineté-association (monnaie, défense et politique étrangère communes, institutions politiques de coordination). Mais le gouvernement tchèque leur a offert de travailler à la construction d'une fédération fonctionnelle, ou de quitter formellement la fédération en se séparant. Les Tchèques préféraient une rupture complète, afin d'en finir avec les querelles constitutionnelles interminables qui avaient secoué la fédération depuis la chute de régime communiste (*Economist Intelligence Unit,* 1992:10).

Les Slovaques, qui ont sous-estimé les Tchèques en pensant que leurs partenaires ne les laisseraient pas partir, sont maintenant prisonniers de cette stratégie, pour le meilleur ou pour le pire. Dix mois après la rupture, un sondage révélait que 60 % des Slovaques auraient voté contre l'indépendance et 23 %

pour la rupture, s'il y avait eu un référendum (*Economist Intelligence Unit*, 1994a:28).

3. Après une séparation, le maintien d'un espace économique intégré avec une monnaie commune et une union douanière efficace est beaucoup plus difficile qu'on ne le pense

Peut-on, après une séparation, conserver une monnaie commune, une union douanière et maintenir des échanges commerciaux? Au Québec, certains pensent que c'est possible. L'expérience tchécoslovaque nous enseigne que de telles déclarations sont des vœux pieux difficilement réalisables.

L'espace économique tchécoslovaque s'est désintégré très rapidement après l'indépendance. Les deux pays se sont rapidement rendu compte qu'il était impossible de garder une union monétaire avec une monnaie commune. Sans les mécanismes de coordination d'une union économique résultant de l'union fédérale, en effet, les deux nouveaux États allaient devoir adopter des politiques économiques de plus en plus divergentes, rendant toute politique monétaire cohérente impossible. Par conséquent, les Slovaques et les Tchèques se sont mis d'accord pour ne garder la devise tchécoslovaque que six mois, avant d'émettre leurs propres monnaies séparées.

L'union monétaire n'a cependant duré que six semaines. La rupture éventuelle de l'union monétaire et la dévaluation probable d'une nouvelle devise slovaque ont provoqué une crise de confiance nationale et internationale en la valeur de la couronne tchécoslovaque. Les banques commerciales tchèques échangeaient leurs couronnes pour des devises étrangères plus sûres. Par conséquent, les réserves étrangères de la Banque nationale tchèque ont baissé de $270 millions (37 %), en l'espace de deux semaines après la rupture. Les banques étrangères, qui détenaient de grandes quantités de couronnes tchécoslovaques, ont commencé à les vendre massivement et refusaient d'en acheter. Le gouvernement tchèque est arrivé rapidement à la conclusion qu'il lui fallait mettre fin à l'union monétaire et émettre une nouvelle monnaie pour rétablir la confiance en sa devise. C'est ainsi que les deux pays ont abandonné leur devise commune le 8 février, cinq mois avant la date prévue.

L'union douanière s'est écroulée rapidement au lendemain de la séparation, bien que les deux républiques, au moment de la rupture, aient été d'accord pour la création d'une union douanière avec des politiques tarifaires communes et une zone de libre-échange. Actuellement, les nombreux postes frontaliers sur la frontière tchèque-slovaque contrôlent les flux de biens, de services et de personnes. Les deux parties s'accusent mutuellement d'avoir créé de nombreuses barrières non tarifaires.

A la suite de la rupture de la fédération et de l'écroulement de l'union douanière, on a assisté, dans chacune des républiques, à une baisse considérable des échanges et à un ralentissement de la croissance économique. En janvier 1993, un mois après la rupture, les échanges avaient baissé de 60 % (comparé à la moyenne mensuelle de l'année précédente), ce qui eut des effets désastreux sur les économies des deux nouveaux pays.

On a estimé que le PIB de la Slovaquie a immédiatement chuté de 7 %, après la séparation, ce qui équivaut à une dépression majeure. À titre de comparaison, pendant les graves récessions au Québec, le PIB a chuté de 1,5 %, en 1981-82 et de 2 % en 1990-91.

Dans la république tchèque, en l'espace de trois mois après la séparation, la production industrielle a baissé de 4,9 %, l'activité dans les domaines de la construction de 11,0 % et du transport ferroviaire de 31,4 % (*Economist Intelligence Unit,* 1993 b:7). En 1993, les exportations tchèques vers la Slovaquie ont baissé de 30 %. Le gouvernement tchèque a calculé qu'une diminution de 10 % des exportations destinées à la Slovaquie se traduit par une baisse de 1,0 % du PIB et de 0,5 % en recettes fiscales (*Economist Intelligence Unit,* 1993:50). Selon les estimés de l'*Economist Intelligence Unit,* la rupture a causé une baisse de 2,0 % à 2,5 % du PIB tchèque en 1993. (*Economist Intelligence Unit,* 1994 c:7).

Bien que les informations disponibles sur la situation économique de la Slovaquie soient minimes, on peut toutefois dire qu'il y a eu un déclin considérable de la production industrielle dans les premiers quatre mois suivant la séparation et une baisse très importante des exportations slovaques destinées à la république tchèque. Cette chute des échanges a eu un effet dévastateur sur l'économie slovaque. En 1992, l'année précédant la rupture, les exportations représentaient 68 % de son PIB, la moitié étant destinée à la république tchèque. Malgré une dévaluation de 10,4 % de la devise slovaque en juillet 1993, les exportations n'ont pas augmenté. L'effet conjugué du déclin des échanges et d'une dépression de la demande intérieure a causé une chute d'environ 7,0 % du PIB slovaque en 1993 (*Economist Intelligence Unit,* 1994c:7).

4. La division des actifs et des dettes fédérales à la suite de la séparation fut acrimonieuse

Les dirigeants slovaques séparatistes essayèrent, avant l'indépendance, de rassurer la population slovaque en affirmant que la séparation se ferait d'une façon amicale, polie et rationnelle. On prétendait que les Tchèques seraient rationnels et que la division de la dette se ferait sans grands problèmes. Pourtant, toutes ces assurances se sont révélées fausses.

Après la rupture des deux républiques, la division des actifs et des dettes fédérales a fait l'objet de débats acrimonieux et de nombreuses dissensions se sont élevées dans un certain nombre de domaines:

-les édifices fédéraux et les réserves d'or se trouvant à Prague;

-les sociétés d'État fédérales, telle la compagnie nationale de transport aérien tchécoslovaque;

-les dettes des banques slovaques accumulées en 1992 auprès de la république tchèque (*Economist Intelligence Unit,* 1993c:9).

Ce dernier sujet est devenu la pomme de discorde entre les deux partenaires, car dès qu'il est devenu clair que les Slovaques avaient une dette auprès de la république tchèque, cette dernière décidait de geler les 22 millions d'actions acquises par les citoyens slovaques, durant la première vague de privatisations de 1992, jusqu'à ce que les Slovaques remboursent leurs dettes. Ce conflit est devenu très politisé, puisqu'aucune des parties ne voulait faire de compromis et l'échéance prévue pour arriver à une division de la propriété fédérale, fixée au 15 avril 1993, a dû être repoussée (*Economist Intelligence Unit,* 1993b:33).

5. L'indépendance entraîne une détérioration des finances publiques et une augmentation du coût des services publics

Les dirigeants slovaques, qui affirmaient, comme au Québec, que l'indépendance de la Slovaquie permettrait de réaliser de nombreuses économies, ont pu constater que la réalité est souvent bien différente du rêve.

Les finances publiques slovaques se sont détériorées rapidement après la rupture. Le déficit budgétaire a grimpé en flèche pour passer de Sk 1,2 milliard à la fin de février 1993, à Sk 12 milliards à la fin de mai: une augmentation de 1000 % en trois mois!!! Selon le ministre des Finances slovaque, la montée fulgurante du déficit est due aux dépenses encourues par les nouveaux ministères tels que le ministère de la Défense, le ministère des Affaires étrangères et le ministère de l'Intérieur. Par ailleurs, les frais découlant de l'établissement de nouvelles ambassades et du lancement d'une nouvelle devise ont coûté très cher au Trésor slovaque dans les premiers trois mois après l'indépendance. De même, les frais de certains services publics ont augmenté considérablement dans les quatre mois suivant la rupture de la fédération tchécoslovaque : le prix du billet d'autobus a augmenté de 29 % , ceux du billet de train et des appels téléphoniques, de 50 % (*Economist Intelligence Unit,* 1993b:36-37).

6. Le nationalisme ethnique engendre des problèmes avec les minorités se trouvant sur le territoire du nouvel État

Le nationalisme slovaque anti-tchèque et anti-hongrois, affiché par divers partis slovaques, a obligé les Tchèques à abandonner tout espoir d'arriver à une entente avec les Slovaques dans une fédération renouvelée et a entraîné une opposition farouche à la séparation chez la minorité hongroise de Slovaquie, qui se sentait plus en sécurité dans une fédération multiethnique que dans un État fondé sur le nationalisme slovaque (*Economist Intelligence Unit,* 1993a:10).

Les politiques linguistiques de la Slovaquie et le traitement de sa minorité hongroise ont créé des tensions importantes entre la Slovaquie et la Hongrie. Les Slovaques répondent à ces critiques en disant qu'ils traitent mieux leur minorité hongroise que les Hongrois ne traitent les Slovaques en Hongrie.

La riposte intégriste : l'isolement par la religion

Tout comme les nationalismes, l'intégrisme religieux s'est particulièrement développé durant la dernière décennie. Phénomène latent dans de nombreux pays, il a permis de canaliser d'une part un besoin de retrouver ses racines dans un monde en mutation et en perte de points de repère et, d'autre part un sentiment de rejet contre une invasion culturelle «occidentale» et même anglo-américaine, omniprésente.. L'intégrisme musulman a connu une flambée de popularité qui a débuté dans les années 80. Ainsi, dans un Iran que le gouvernement du Shah avait modernisé et même occidentalisé, la «révolution» des mollahs musulmans intégristes a rendu obligatoire la pratique religieuse, avec ses règles rigides: la ségrégation homme-femme, le port du voile complet et le patriarcat. Le drapeau américain est régulièrement brûlé dans les rues de Téhéran, dans des feux de joie où la population crie son dégoût pour les perversions occidentales. De même en Algérie, en Égypte, en Syrie, en Libye, certains intégristes voient dans la religion une valeur de refuge et de rejet de l'Occident. Comme nous l'avons vu plus haut, ce rejet s'est manifesté entre autres, par des assassinats d'étrangers en sol égyptien ou algérien et par le plasticage de bâtiments étrangers.

La riposte décentralisatrice : le retour aux sources

Plus près de nous, la tentative de retour à la base, aux «grass-roots», aux communautés territoriales, aux régions, aux villes et aux quartiers est une autre riposte aux effets néfastes de la mondialisation.

La scène qui suit se passe aux États-Unis. Pour accéder à un CID (Common Interest Development), il faut franchir une grille et passer par un poste de surveillance. Ni communauté religieuse, ni regroupement de fanatiques ou de criminels, les CID sont des petites villes dans les villes américaines, soumises à des règles propres. Le professeur Evan McKenzie, professeur à l'Université de l'Illinois à Chicago et auteur d'un livre-choc sur ce sujet, précise: *«En l'an 2000, 30 % des Américains vivront rassemblés, regroupés dans des CID. Cela veut dire que le pays sera segmenté, spatialement découpé en propriétés privées édictant leurs propres réglements».* Même si ce chiffre de 30 % peut paraître exagéré, il représente toutefois bien l'ampleur du phénomène.

Réponse à l'impuissance des gouvernements face à la montée de la violence, à la lenteur des changements législatifs, à la mobilité d'un monde environnant en perpétuelle évolution due à la mondialisation, les copropriétaires dans les CID sont regroupés dans des maisons semblables et surveillées par des caméras vidéo. Ils sont protégés par leur propre police, régis par leurs propres règlements: collecte et traitement des ordures, évacuation des égouts, construction, nettoyage et entretien des routes, réglementation du bruit, des visites, de la taille des animaux, de l'accueil des étrangers (c'est-à-dire ceux qui n'habitent pas dans le CID). Ces CID portent les noms de Placienta Lakes, Lake Wood Village et Boca Raton (Florida), Monroe (New Jersey), Canyon Hill (Californie).

De plus, face à l'anonymat des grandes tendances mondiales et à la déshumanisation, certains recherchent un nouveau refuge de la région. Ainsi on remarque, dans l'Union européenne, un double affaiblissement de l'État-nation, avec un transfert de compétences vers le haut (des capitales nationales à la capitale de l'Europe, Bruxelles) et vers le bas (dans le sens des régions et villes). Le tout d'ailleurs est encadré dans le principe dit de «subsidiarité», selon lequel on confie des compétences au niveau gouvernemental le plus bas (municipalité). Si le problème ne peut être réglé à ce niveau, on monte plus haut, d'abord au national et enfin au niveau communautaire européen. Le principe de subsidiarité est en quelque sorte une formule «anti-mondialisation». En essayant de revenir aux sources, on affirme que le gouvernement le plus proche du citoyen est celui des municipalités. En dernière analyse on cherche, par la décentralisation à outrance, une reprise du contrôle de la situation par les citoyens.

Malheureusement, l'option décentralisatrice s'affronte à la réalité de l'interdépendance. Même en appliquant le principe de subsidiarité, on arrive à la conclusion que pour pouvoir régler les problèmes dans bien des domaines, il faut intervenir à des niveaux plus élevés. Le retour aux sources est peut-être souhaitable, mais la liste des problèmes que l'on peut gérer localement décroît avec la montée des interdépendances.

La riposte continentaliste : les blocs régionaux

La riposte continentaliste, visant à créer des blocs supranationaux de la dimension approximative des continents, entraîne une diminution de la souveraineté des États-nations. Il existe aujourd'hui deux exemples de blocs continentaux: l'ALENA et l'Union européenne.

L'ALENA est une zone de libre-échange impliquant pour le moment trois pays: le Canada, les États-Unis et le Mexique. Sa finalité est avant tout économique, par la suppression de barrières commerciales et l'ouverture à la libre circulation des capitaux, des ressources naturelles et de la technologie.

Chaque État-membre accepte de réduire ses compétences dans certains domaines en faveur du marché libre.

L'Union européenne offre quelque chose de très différent, puisqu'elle a une finalité politique, la création d'un éventuel État fédéral ou quasi fédéral tel qu'énoncé dans le Traité de Rome de 1957. Pour y parvenir, les Européens utilisent des moyens économiques et sociaux. Il y a, derrière le mouvement d'intégration européenne, un projet de société sous-jacent, fondé sur un concept culturel. A l'encontre de l'ALENA, l'Union européenne adopte les symboles de l'État-nation élargi: drapeau européen, hymne européen, passeport commun, charte sociale commune et éventuellement, union monétaire avec une seule monnaie, l'écu.

Le modèle de l'Union européenne pourrait être une alternative à la mondialisation, car on transpose l'élargissement des marchés, de l'échelle planétaire à l'échelle continentale et on transpose le concept de l'État-nation, du niveau des pays au niveau européen. En d'autres termes, le modèle européen est celui d'un super-État fédéral en devenir au sein duquel les 390 millions de citoyens de 15 pays peuvent ensemble façonner leur avenir et réaliser leur projet de société.

La riposte mondialiste: au lieu de bloquer la mondialisation, il faut la prolonger dans les domaines économiques et sociaux

Nous sommes victimes d'une mondialisation des problèmes par la montée des interdépendances, qui ne va malheureusement pas de pair avec une mondialisation des solutions. Cette asymétrie crée des déséquilibres graves et pénibles. La mondialisation sans règles crée un cadre de compétition qui ressemble à une guerre sans Convention de Genève. Il en résulte un nivellement par le bas qui engendre une économie duale et dangereuse, composée de nantis et de pauvres, d'inclus et d'exclus. L'harmonisation des politiques sociales et environnementales dans le monde permet de répondre aux problèmes engendrés par la mondialisation, en établissant les mêmes règles du jeu pour tous les pays. Dans ce sens, on pourrait parler d'un

«GATT de l'Emploi» où les accords commerciaux du GATT seraient étendus: on parlerait alors de salaires minimums mondiaux ou régionaux, et d'une charte sociale (Valaskakis, 1994).

Le Groupe de Lisbonne, cette association internationale qui a pris la relève du célèbre Club de Rome et qui souhaite améliorer le sort de l'humanité par l'action concertée, propose des «contrats-monde», qui permettraient de raisonner avec une nouvelle culture de coopération mondiale et de développer une manière «mondiale» de faire le choses.

Certains envisagent même la formation d'un «gouvernement mondial» de forme confédérale. Cette idée nous paraît difficilement réalisable, compte tenu de la diversité du monde existant et de la difficulté à trouver un mécanisme de gouvernance qui serait acceptable pour tous. L'option «une personne = un vote», comme base de constitution de ce gouvernement mondial donnerait à la Chine, avec son 1,2 milliard d'habitants, un pouvoir que d'autres pays pourraient considérer comme dangereux. L'option alternative d'«un dollar = un vote», favoriserait les pays riches et augmenterait vraisemblablement les inégalités mondiales. Cependant, la possibilité d'harmoniser progressivement des politiques sociales au niveau mondial, préalable à la création d'un éventuel gouvernement mondial est tout à fait plausible.

CONCLUSION

Entre-temps, que fait-on? Ce tour d'horizon de l'évolution du monde et des nouveaux défis auxquels nous faisons face, démontre l'existence d'une double dynamique: on assiste d'une part à des mouvements centripètes (favorables à une résolution centrale des problèmes), et d'autre part à des forces «centrifuges» (favorables à une résolution décentralisée et locale de ces mêmes problèmes).

Le mouvement centripète est le résultat de la montée des interdépendances à l'échelle planétaire (environnement, sécurité, géopolitique, autoroute électronique, etc.) et de la mondialisation de la production avec l'émergence d'un acteur politique de plus en plus puissant, l'entreprise apatride.

Les forces centrifuges sont le résultat des tentatives de création ou de renforcement des États-nations, voire d'«États-tribus», du retour aux sources, de l'intégrisme religieux hermétiquement fermé aux influences étrangères.

La continentalisation à l'européenne est une option intermédiaire, ayant, à notre avis beaucoup d'avenir, car elle implique une harmonisation des politiques économiques et sociales entre les quinze États-membres. L'Union européenne représente un nouveau modèle de fédéralisme.

Dans tout cela, où se situe le mouvement indépendantiste québécois? Ce mouvement hybride est attiré par certains principes de mondialisation et de continentalisation (les indépendantistes québécois appuient généralement l'ALENA et le GATT), en même temps qu'il cherche à créer au Québec un «petit monde» autonome et maître de lui-même. Cette ambivalence s'exprime dans un mot mobilisateur: la «souveraineté». Cette «souveraineté» à laquelle certains aspirent tant, reste un concept obscur pour tout le monde, sauf peut-être pour les grands spécialistes; il véhicule des contradictions, des souhaits fantaisistes et une lecture erronée de la situation du Canada. Nous allons, dans les pages qui suivent, exposer les contradictions de ce projet idéalisé de «souveraineté», en nous concentrant sur dix mythes qui sont à la base de la philosophie indépendantiste et qui résistent très mal à l'analyse. Nous invitons le lecteur à suivre notre cheminement intellectuel à travers ces arguments et contre-arguments et à juger lui-même de leur validité. Nous ferons une mise en contexte dans chacun des mythes afin de mieux comprendre son origine, puis nous les étudierons point par point, pour finalement en tirer des conclusions.

PARTIE I
L'argumentaire «souverainiste» : dix mythes qui perdurent

Mythe 1: LE FÉDÉRALISME CANADIEN EST RIGIDE ET IMMUABLE
Mythe 2: L'ÉTAT FÉDÉRAL CANADIEN EST TROP CENTRALISATEUR
Mythe 3: LE FÉDÉRALISME COÛTE CHER AUX QUÉBÉCOIS
Mythe 4: UN QUÉBEC INDÉPENDANT POURRA SE SOUSTRAIRE FACILEMENT À L'ENDETTEMENT CANADIEN
Mythe 5: L'UNION ÉCONOMIQUE QUÉBEC-CANADA EST «DANS LE SAC»
Mythe 6: L'ADHÉSION DU QUÉBEC À L'ALENA SE FERA SANS DIFFICULTÉ
Mythe 7: UN QUÉBEC INDÉPENDANT SERA PLUS COMPÉTITIF QU'AU SEIN DE LA FÉDÉRATION CANADIENNE
Mythe 8: LE PLEIN EMPLOI SERA FACILE À RÉALISER DANS UN QUÉBEC INDÉPENDANT
Mythe 9: LE PEUPLE QUÉBÉCOIS A DROIT À L'AUTODÉTERMINATION
Mythe 10: LA LANGUE ET LA CULTURE FRANÇAISES SERONT MIEUX PROTÉGÉES DANS UN QUÉBEC INDÉPENDANT

Mythe 1: Le fédéralisme canadien est rigide et immuable

Mise en contexte

Bien que les discussions constitutionnelles soient un des passe-temps favoris des élites politiques québécoises, le débat sur l'avenir du Québec dans le Canada s'est malheureusement réduit à des formules toutes faites et des batailles de chiffres: «le fédéralisme c'est le statu quo»; «le fédéralisme ne peut être réformé»; «le fédéralisme coûte cher aux Québécois».

Ces phrases-chocs, que tout le monde se renvoie, transforment la question en un fastidieux débat d'experts, excluant la majorité de la population, qui se désintéresse à juste titre de cette lutte de pouvoirs entre spécialistes. Les militants de l'indépendance cherchent à convaincre les Québécois que, puisque la Constitution ne peut être réformée, le fédéralisme canadien et le Canada sont une faillite et que l'indépendance s'impose.

Ainsi, depuis le rejet des Accords du Lac Meech et de Charlottetown, il est devenu fréquent d'entendre dire que le fédéralisme canadien est un système rigide et immuable, qui entraîne des blocages politiques et ne peut être transformé. Les indépendantistes mettent donc les Québécois devant un choix fictif que nous propose le Bloc québécois:

> *«Les Québécois et Québécoises font face à un choix politique très simple et plus clair que jamais: le statu quo ou la souveraineté. Et à un choix économique aussi clair: l'immobilisme ou le rapatriement au Québec des leviers politiques»* (Programme du BQ, 1993:13).

Ce mythe qui perdure, on le trouvait déjà exprimé dans le Rapport Allaire (1991). Après avoir constaté qu'en 1965 (Commission Laurendeau-Dunton) et 1977 (Commission Pepin-Robarts) on parlait déjà de «crise», le rapport questionne:

«Un régime peut-il continuellement vivre en situation de crise, sans qu'on y apporte des ajustements, des changements pour en assouplir le fonctionnement? Le régime fédéral peut-il se renouveler? Est-il encore adapté aux contextes actuels et à venir?»(Allaire, 1991: 16).

Cette mythologie d'un fédéralisme rigide et immuable vient essentiellement d'une méconnaissance du fonctionnement et de la raison d'être du système fédéral, dont l'essence même est la reconnaissance de la différence. Elle prend aussi comme hypothèse de départ une prétendue triple équation: Constitution = Fédéralisme = Canada. Pourtant, si l'on veut éviter cette confusion terminologique on dira que les changements constitutionnels ne sont pas les seuls outils qui peuvent faire évoluer le fédéralisme et que le Canada déborde le simple système fédéral et peut donc, comme pays, participer à orienter l'évolution du fédéralisme canadien.

Le fédéralisme est un système dont l'essence même est la préservation de la différence culturelle et économique

La raison d'être de la structure fédérale est la préservation de la diversité sociale, puisque le fédéralisme est d'abord et avant tout un système d'organisation de pouvoirs, qui permet la préservation de la différence. Il reflète *«la volonté exprimée par certains groupes de gérer comme ils l'entendent les dimensions culturelles ou économiques de leur devenir collectifs»*. (Dehousse, 1991:26).

Le rôle, donc, du système fédéral est celui de régulateur: *«Le but du système fédéral est de stabiliser les relations politiques dans une communauté où l'absence d'homogénéité rend impossible que les décisions importantes soient prises à la majorité»* (Mallory, 1984:417).

Une répartition des compétences résultant de la volonté d'autonomie confie à chaque groupe (régional et/ou culturel) la maîtrise des instruments de préservation et de défense des éléments qui le distinguent des autres. Chaque pays vit une histoire différente. C'est pourquoi, lorsque l'on fait un survol des grandes fédérations dans le monde, comme l'Australie, le Canada, la Belgique, les États-Unis, l'Allemagne ou même la Suisse, on ne peut qu'être frappé par la diversité avec laquelle elles fonctionnent. Et selon les pays, la ligne de démarcation entre les compétences centrales (fédérales) et régionales (provinciales) est relativement stable ou fluide.

Aux États-Unis, par exemple, cette ligne de démarcation est beaucoup plus fluide qu'au Canada, et l'on a assisté à l'expansion des compétences fédérales rendant le système fédéral américain centralisé à bien des égards, comme nous allons le voir plus loin. A l'inverse, au Canada la distinction entre les compétences du gouvernement central et des gouvernements provinciaux est beaucoup plus marquée, même si, au-delà des compétences exclusives, il y a des compétences partagées et des mécanismes fédéraux-provinciaux de coordination. L'importance donnée à ce partage des champs de responsabilité fait partie de l'interprétation qui a été donnée par la jurisprudence à l'Acte de l'Amérique du Nord britannique (1867). Que l'on se souvienne de la vision défendue par Lord Atkin en 1937 (A.G for Canada v. AG for Ontario [1937] A.C. 326, p.351) qui disait que cette distribution des pouvoirs, entre le Dominion et les provinces, était probablement la condition la plus importante qui a permis à l'Acte de donner naissance au pacte inter-provincial.

Au Canada, la fédération est essentiellement asymétrique

Au Canada, cette délimitation assez marquée entre les champs de compétence provinciaux et fédéral est une réponse donnée au caractère asymétrique de la fédération canadienne. Cette dernière est en effet composée de provinces dont les poids démographiques et économiques sont distincts et de communautés culturelles distinctes.

C'est pourquoi l'on assiste au contrôle provincial quasiment exclusif dans toutes les matières permettant à des sociétés comme le Québec de préserver leur différence: culture, éducation, administration locale, droit civil. Qui plus est, le système fédéral canadien n'a pas cessé d'évoluer depuis sa création, dans le but de s'adapter aux nouvelles circonstances et dans le respect de la différence.

Des tensions naissent de cette «asymétrie», car au-delà des valeurs communes chacun veut préserver son autonomie. Au Canada la tension est double. Elle provient, d'une part, des relations fédérales-provinciales, puisque l'essence même d'un système fédéral veut que chaque gouvernement cherche à accroître son contrôle politique: le gouvernement fédéral va mettre l'accent sur la dimension nationale, tandis que les gouvernements provinciaux voudront défendre les intérêts de leur région, aux dépens, parfois, de l'intérêt national. Ces tensions peuvent sembler irritantes et parfois inquiétantes pour les citoyens, qui n'en entendent parler que par médias interposés. Que l'on se rappelle, au début des années 80, de l'Alberta qui menaçait de couper les vivres énergétiques au reste du Canada, pour protester contre l'implantation du Programme d'énergie nationale (PEN)! Malgré cela, ces tiraillements sont toutefois la preuve que le gouvernement central ne domine pas les gouvernements provinciaux, qui gardent une grande autonomie.

La situation minoritaire des Canadiens français au Canada et du Québec, lequel s'est développé comme société distincte, provoque une autre tension.

Le Québec est donc doublement distinct comme province et comme communauté culturelle majoritairement francophone en sol québécois. Mais sa situation de culture minoritaire en Amérique du Nord l'a obligé à veiller au respect de la division précise des compétences de chaque niveau, respect qui lui a toujours paru indispensable pour garder son identité «distincte» et l'a encouragé dès 1960 à revendiquer plus de compétences législatives.

Ainsi, toute éventualité d'ingérence du fédéral a toujours été perçue, non pas comme une action au service d'intérêts communs, mais comme un instrument de domination.

Mais s'il est vrai que l'histoire constitutionnelle du Canada a été marquée par ce désir d'autonomie des provinces et de la minorité francophone, cette histoire n'est pas faite uniquement de tensions qui n'ont pas trouvé réponse! Bien au contraire.

Il est donc important de noter que l'évolution du fédéralisme canadien, reconnaissant la différence québécoise, ne s'est pas faite «malgré» le Canada mais «avec» le Canada, puisque ce ne sont pas seulement les institutions qui ont modelé le pays, mais aussi la société qui a modelé les institutions.

L'image véhiculée d'un Québec-forteresse qui doit se défendre de l'invasion du pouvoir fédéral «anglais» est donc puissante mais faussée. Oui, les Canadiens français ont refusé l'assimilation, oui le Québec a repris cette lutte pacifique a son compte. Mais cette affirmation francophone au Canada n'a pu se faire que parce que la philosophie du Canada permettait l'expression de cette différence.

Le Canada ne se résume donc pas à un système fédéral qui organise le partage des pouvoirs. C'est un pays avec un territoire, des valeurs, des liens économiques, sociaux et culturels, un système politique fédéral, un système de lois, des routes, des gens, des provinces, des maisons.

Comme pays, le Canada a dû trouver des réponses aux défis que la différence ou l'asymétrie culturelle et économique du pays posait au système fédéral. La mise sur pied d'un système fédéral capable d'évoluer a permis de garantir la différence économique et culturelle et de s'adapter aux changements internes et externes du monde moderne. Les réponses canadiennes à la diversité furent donc juridiques, législatives et constitutionnelles. Notons à titre d'exemple l'invention canadienne du système de péréquation (par lequel les provinces plus aisées paient pour les provinces économiquement plus pauvres) qui, comme nous le verrons plus loin, est une réponse à la disparité économique des provinces et dont le Québec a largement profité. Nous verrons aussi que la différence culturelle d'une province comme le Québec peut non seulement se développer à l'intérieur du système fédéral, mais qu'elle est appuyée de bien des manières à l'échelle canadienne: Loi sur les langues officielles, financement de Radio-Canada, de l'Office national du film, du Conseil des Arts...

Le fédéralisme canadien est un système dynamique en perpétuelle évolution au-delà des réformes constitutionnelles

Nous l'avons vu plus haut, l'octroi de compétences exclusives aux provinces était une des manières de préserver la différence dans cette fédération asymétrique.

Au-delà de la répartition des pouvoirs, l'évolution du système fédéral ne s'est pas faite seulement grâce à des amendements constitutionnels.

Pour reprendre un commentaire du spécialiste en droit constitutionnel et sénateur, Gérald-A. Beaudouin:

> *«Le fédéralisme canadien n'a jamais cessé d'évoluer au fil des époques... et continue d'évoluer même en l'absence d'amendements constitutionnels»* (Beaudoin, 1994a: B-3).

Dans cette perspective, l'impossibilité d'aboutir à une révision de la Constitution de 1982 après le rejet de Meech et de Charlottetown, n'est pas aussi grave que l'on voudrait nous le faire croire. Pourtant, on nous a tellement dit que ces changements étaient vitaux pour notre avenir de Québécois que nous avons commencé à le croire, oubliant par là même que le Québec était dans un Canada qui encourageait sa différence.

En effet, outre la possibilité d'amendements constitutionnels, le Canada possède cinq outils qui ont permis et permettent au fédéralisme d'évoluer: les décisions des tribunaux; les nombreuses conférences constitutionnelles; les conférences interprovinciales inaugurées par Honoré Mercier en 1887 et reprises par Jean Lesage en 1960; les rapports de certains comités parlementaires et de commissions royales, portant sur la Constitution; les arrangements administratifs qui permettent au fédéralisme de s'adapter à un environnement changeant (Beaudoin,1994a: B-3).

Il convient de noter l'importance particulière pour le Québec, des arrangements administratifs. Alors que le gouvernement fédéral gère à l'échelle du Canada le programme des allocations familiales (instauré en 1945), le Québec bénéficie, depuis 1974, d'un arrangement administratif avec Ottawa.

Par cet arrangement, le Québec distribue l'enveloppe des allocations familiales en fonction de ses besoins particuliers en matière de politiques natalistes.

De même, le Québec a conservé son propre système de rentes, depuis 1966, alors que les autres provinces en ont délégué la gestion au gouvernement fédéral. Et depuis l'entente Cullen-Couture (1978), le Québec a son mot à dire en matière d'immigration, puisque l'établissement au Québec des immigrants se fait avec l'accord préalable du gouvernement québécois et la sélection des nouveaux immigrants sur une base conjointe, selon des critères canadiens et québécois.

Il ne s'agit pas ici de faire un cours de droit constitutionnel. Mais l'on constate que l'histoire du fédéralisme canadien a été marquée par de grandes évolutions significatives de sa capacité d'adaptation (Beaudoin, 1994a:B-3). D'un fédéralisme assez centralisé adopté en 1867, on a assisté à une décentralisation (grâce à l'action du Comité judiciaire du Conseil privé qui étendit les pouvoirs des provinces et restreignit le domaine fédéral). En période de conflit, pendant les Première et Deuxième Guerres mondiales (1914 et 1939), la centralisation s'installe temporairement. Puis on a assisté à de grands changements: assurance-chômage (1949); pensions de vieillesse et prestations additionnelles (1964). Dès 1950, les conférences constitutionnelles fédérales-provinciales ont joué un grand rôle dans l'orientation du fédéralisme: reconnaissance du pouvoir de dépenser fédéral (à partir d'une décision du Conseil privé de 1937), mise au point du principe de la péréquation (qui est devenu l'article 36 de la Constitution de 1982). Plus récemment, on a assisté à l'abolition de barrières commerciales inter-provinciales (juillet 1994) ou à la mise sur pied du programme des infrastructures (1993).

La diplomatie fédérale-provinciale a été un outil d'adaptation et de changement

Et au-delà des grandes décisions apparentes au public, il existe dans le système fédéral une sorte de «diplomatie fédérale-provinciale» faite de coopération entre les niveaux de gouvernement. Cette coopération est devenue indispensable dans un monde moderne où les niveaux de gouvernement sont interdépendants. Au fil des années, le fédéralisme canadien a dû s'ajuster.

Comme le mentionne le Pr Mallory:

> *«Cette coopération fédérale-provinciale a permis de solutionner des problèmes créés par le besoin de répondre à la demande de modernisation de l'État avec une structure constitutionnelle créée au XIXe siècle dans des conditions très différentes»* (Mallory, 1984:445).

C'est donc la raison d'être des conférences fédérale-provinciales (qui réunissent le Premier ministre du Canada, les Premiers ministres provinciaux, les ministres des Affaires intergouvernementales et leurs adjoints), ainsi que des rencontres sectorielles entre ministres concernés.

Dans ces réunions, on débat de questions aussi variées que les amendements constitutionnels, les partages de taxes, les programmes à frais partagés.

Et souvent, des accords sont conclus et soumis pour ratification aux parlements national et provinciaux.

On dénombre ainsi 244 ententes administratives conclues de 1988 à 1992 entre le gouvernement fédéral et le gouvernement québécois (Conseil privé, 1992).

De cette façon, un excellent résultat peut être atteint par cette coopération intergouvernementale, éliminant ainsi la frustration des discussions visant à amender la Constitution.

CONCLUSION

Dans le débat pour réformer le fédéralisme canadien, on oublie trop souvent que le Canada est beaucoup plus que le seul système fédéral. Le fédéralisme est un système d'organisation de pouvoir qui n'est qu'une composante de ce pays. Ce système reflète la volonté exprimée par certains groupes de gérer, comme ils l'entendent, les dimensions culturelles ou économiques de leur devenir collectif. De cette volonté naît un système de distribution du pouvoir entre le centre et les régions, que l'on appelle le fédéralisme. Il varie d'un pays à l'autre.

Au Canada, la fédération est asymétrique, puisque l'on retrouve différentes provinces de poids démographique et économique différents, ainsi que deux communautés linguistiques «fondatrices»: les anglophones et les francophones, sans compter les autochtones. Une répartition des pouvoirs assez claire entre les compétences fédérales ou provinciales et des domaines de juridictions partagées sont nés de cette asymétrie. Cette organisation n'est pas sans provoquer des tensions centrifuges sur le système fédéral qui, comme nous l'avons vu, proviennent des provinces qui veulent défendre leurs champs de compétence et de la dualité francophone-anglophone, faisant que le Québec surveille jalousement ses chasses gardées.

A ce double besoin d'autonomie, le Canada a apporté des réponses très originales et novatrices. D'une part, par le pragmatisme de son fédéralisme, le Canada laisse une grande autonomie culturelle et économique aux provinces qui, comme le Québec, la désirent. Et le système ne cesse d'évoluer, même sans amendements constitutionnels, essentiellement par le biais de la «diplomatie fédérale provinciale», génératrice de multiples ententes. D'autre part, le Parlement fédéral canadien a su reconnaître la diversité culturelle et économique du Canada, comme en témoigne la Loi sur les langues officielles ou le système de péréquation, qui permet d'assurer une répartition plus juste entre les provinces.

A l'aube du XXIe siècle, alors que tous les pays cherchent à se regrouper, le Canada a déjà trouvé une première réponse à la diversité économique et culturelle, par le fédéralisme. Ce système ne cesse d'évoluer. Pourquoi vouloir séparer le Québec du reste du Canada et chercher à échapper à un fédéralisme dont l'essence est la préservation de la différence et qui a prouvé sa capacité de souplesse et d'adaptation, au-delà des changements constitutionnels?

Mythe 2: L'État fédéral canadien est trop centralisateur

Mise en contexte

Certains indépendantistes affirment que le Canada est une fédération centralisée dans laquelle le Québec étouffe sous le poids du joug fédéral. Une comparaison objective des États fédéraux modernes nous permet de conclure que la Fédération canadienne est probablement la plus décentralisée du monde. Elle est de loin la nation la plus décentralisée de l'ALENA, ce bloc commercial qui englobe aussi les États-Unis et le Mexique. Le Mexique se dit État fédéral, mais la concentration des pouvoirs dans ce pays en fait, à toute fin pratique, un État unitaire. Aux États-Unis, la fédération est très centralisée, et la capitale, Washington, est située dans un District fédéral échappant aux juridictions d'un État particulier. Au Canada, la capitale nationale se trouve en Ontario et au Québec et il n'y pas de district fédéral. Quant aux autres fédérations du monde, l'Allemagne, l'Australie, l'Argentine, elles sont toutes beaucoup plus centralisées que le Canada. Seule la Confédération helvétique ferait concurrence au Canada. Pour dissiper le mythe injustifié de la centralisation des pouvoirs au Canada, nous proposons au lecteur de comparer le Canada aux États-Unis et à la Suisse.

CANADA *VS* ÉTATS-UNIS: QUI EST LE PLUS DÉCENTRALISÉ?

Lorsque l'on fait la comparaison entre les deux fédérations, on constate trois différences importantes:

Première différence: les provinces canadiennes sont «souveraines» dans certains domaines et les États américains sans pouvoirs réels

Le cheminement suivi par les deux fédérations est diamétralement opposé. Depuis sa naissance, la fédération canadienne s'est modifiée. Le Canada qui était, à l'origine, centralisé, s'est progressivement décentralisé, comme nous l'avons vu plus haut. On a assisté, avec la pratique et les décisions judiciares, à un affaiblissement du pouvoir central au profit des provinces, dont les pouvoirs se sont progressivement accrus entre 1867 et 1994. Le Canada s'est doté d'un système parlementaire de type britannique (voir statuts de Westminster en 1931) et d'une constitution rapatriée en 1981.

Aux États-Unis, par contre, le texte de la Constitution américaine instaure un système très décentralisé, avec des États et un gouvernement central travaillant main dans la main. Mais progressivement, la pratique et les décisions judiciaires ont encouragé une centralisation des pouvoirs entre les mains du gouvernement (exécutif et législatif), au détriment de celui des États. Et même si le Président des États-Unis, élu au suffrage universel indirect, n'a pas toujours le contrôle sur le pouvoir législatif, il est quand même le chef officiel et respecté de tous les Américains.

Le gouvernement américain a petit à petit centralisé les pouvoirs en utilisant la clause «*interstate commerce*», qui est devenue, avec l'interprétation qui en a été faite, la plus importante limitation imposée par la Constitution à l'exercice des pouvoirs des États qui se sont vu retirer petit à petit des pouvoirs.

L'article 1 par. 3 de la Constitution des États-Unis précise que le Congrès a le pouvoir de *«réglementer le commerce avec les Nations et avec les états et les tribus indiennes»*. Avec le temps, le «commerce», de compétence fédérale, a été interprété comme incluant des actes non-commerciaux:

> *«Aujourd'hui, le «commerce» dans le sens constitutionnel du terme, et donc le commerce «interprovincial» inclut toutes les sortes de mouvements de personnes et de choses, commerciales ou non, entre les frontières des États, toutes les sortes de communications, de transmission d'informations, dans un but commercial ou non, toutes les sortes de négociations qui impliquent, à un moment où à un autre, le transport des personnes ou de choses, ou le*

mouvement de services ou de pouvoirs entre les États» (Congress, 1987).

Cette clause, interprétée de manière si large, limite considérablement le pouvoir des états.

Les Américains ont longtemps pensé que l'existence d'une fédération américaine centralisatrice ayant un pouvoir central fort permettait de sauvegarder l'unité du pays. C'est pourquoi le pouvoir central a résisté aux exigences du Sud qui voulait une décentralisation du partage des compétences (juridictions et autres) au profit d'un État confédéral centrifuge. Et lorsque le Sud décentralisateur a voulu préserver son droit au maintien de ses politiques esclavagistes, la guerre civile de Sécession a éclaté. Inversement, le Nord, qui voulait un État central fort, a poussé pour la création d'une fédération fortement centralisée.

Cette dernière s'est renforcée par l'imposition progressive d'une nouvelle culture du «melting pot», encourageant l'assimilation des immigrants à la société américaine. Cette culture s'illustre par l'adoption de valeurs nationales américaines, l'abandon volontaire ou parfois obligé de la nationalité du pays d'origine, l'apprentissage de l'anglais, qui devient la seule langue de communication au foyer, l'adoption par de nombreux immigrants d'un nouveau nom plus court que celui d'origine et plus facile à prononcer. Ces valeurs ont contribué à la création du sentiment national américain qui est la «marque de commerce» de la culture américaine, celle de la promotion du bonheur, de la liberté d'expression et de la prospérité économique.

Aujourd'hui, comme nous allons le voir un peu plus loin, les États américains réclament des changements. Le gouverneur de l'Utah, Mike Leavitt, affirmait récemment: *«Le rôle des États ne doit pas être réduit à celui de groupe de pression comme c'est le cas actuellement. Les états doivent être traités sur un pied d'égalité avec le gouvernement fédéral»* (Fournier, 1995).

Pour sa part, la fédération canadienne a suivi une toute autre direction. Tout au long de son histoire, le Canada a été à la recherche constante d'un équilibre et a subi des pressions centralisatrices (telles les politiques nationales de la fin du XIXe siècle ou la politique énergétique nationale de 1980) et décentralisatrices (comme les accords de Charlottetown). Mais d'une manière générale, comme nous l'avons vu plus haut dans l'étude du mythe 1, l'histoire constitutionnelle du Canada a été marquée par une décentralisation progressive de la fédération, afin de répondre aux exigences de l'asymétrie culturelle et économique du pays.

Ainsi, le Canada présente sur le plan politique plusieurs caractéristiques: les dix provinces sont souveraines dans certains domaines de compétence, comme par exemple l'éducation. De plus, les ministres fédéraux traitent leurs homologues provinciaux sur un pied d'égalité, ce qui ralentit parfois le processus de décision, mais a le mérite de permettre une consultation et un respect des domaines de juridiction. Ainsi, dans le cadre des conférences fédérales-provinciales, qui permettent de conclure des ententes, le Premier ministre du Canada n'a pas le droit de veto, alors même qu'il les préside. Ainsi, les provinces peuvent, dans leur domaine de compétence, aller de l'avant, même si le Premier ministre est en désaccord.

Deuxième différence: les Premiers ministres provinciaux canadiens ont plus de pouvoirs que leurs homologues américains

Bien que l'on puisse affirmer qu'un Premier Ministre canadien, qui a la majorité en Chambre, ait plus de pouvoir qu'un Président des États-Unis minoritaire au Congrès, le Président des États-Unis, élu par un collège d'électeurs (eux-même élus au suffrage universel) est, et reste, quoi qu'il arrive, le chef d'État de tous les Américains et leur porte-parole respecté. Il a en outre un pouvoir de veto sur toutes les législations votées par le Congrès, qui peut renverser ce veto par une majorité des deux tiers des voix (art.1-7 de la Constitution des États-Unis d'Amérique). On ajoutera à cela, qu'un Président des États-Unis est inamovible pour toute la période de son mandat, à moins qu'il ne fasse l'objet de la très lourde et très grave procédure d'«impeachment».

Mais surtout, le gouvernement central américain, pris dans son ensemble, a beaucoup plus de pouvoirs que le gouvernement central canadien, car les gouverneurs des États américains ont moins de marge de manœuvre que les Premiers ministres provinciaux canadiens. Ces derniers peuvent, par exemple, s'opposer à certaines initiatives fédérales, soit individuellement, soit de concert avec leurs homologues d'autres provinces.

Cette situation serait difficilement envisageable dans le contexte américain, de même que la liberté avec laquelle des provinces, comme le Québec ou l'Ontario, traitent leurs affaires sur la scène internationale. Elles ont des délégations générales dans les pays de leur choix et leurs délégués ont un comportement parfois indépendant de celui des diplomates canadiens. Cet exemple est intéressant, car il est l'expression d'un système très décentralisé.

Pendant les négociations de l'ALENA, les Premiers ministres des provinces canadiennes (ou leurs représentants) ont été régulièrement consultés par le gouvernement fédéral. Ainsi, certaines dispositions de l'ALENA prévoient spécifiquement une protection particulière des pratiques commerciales des provinces, tandis que dans d'autres domaines, les provinces ont accepté que l'ALENA vienne modifier leurs pratiques antérieures. Sans ces consultations étroites, ce traité n'aurait eu aucune valeur réelle.

Les États américains n'ont pas été aussi étroitement associés aux négociations, car ils ont une autorité très faible. Comme nous l'avons vu plus haut d'ailleurs, la clause «*interstate commerce*» prévoit que le commerce interprovincial et international soit de compétence fédérale.

De même, lors des négociations du GATT de l'Uruguay Round (entré en vigueur le 1er janvier 1995), toutes les provinces canadiennes ont été présentes et étroitement associées aux négociations.

De plus, quand le Premier ministre Jean Chrétien a fait sa tournée en Chine, il y est allé en promouvant l'Equipe Canada, composée de trois cents hommes d'affaires et des Premiers ministres de chaque province (à l'exception de Jacques Parizeau, qui a prétexté n'avoir pas le temps). Imaginerions-nous une situation similaire aux États-Unis? Il est arrivé que le Président des États-Unis se fasse accompagner d'un ou de plusieurs gouverneurs pour des représentations commerciales, mais jamais des gouverneurs de tous les États américains.

Troisième différence: le gouvernement central américain est beaucoup plus fort que le gouvernement central canadien

Il est clair qu'aux États-Unis le pouvoir central est beaucoup plus fort. Une comparaison des systèmes canadien et américain montre qu'au Canada les provinces ont une autonomie beaucoup plus grande que les 50 États américains.

Au Canada, les intérêts des provinces ne sont pas directement représentés au gouvernement fédéral sur le plan législatif, puisque le sénat, copié sur le modèle de la Chambre des pairs britannique, est composé des personnes que le Premier ministre veut nommer. Cette situation particulière l'oblige à consulter régulièrement les Premiers ministres provinciaux. Les Premiers ministres et les ministres provinciaux sont consultés par leurs homologues fédéraux, avec qui ils sont des partenaires égaux. De plus, les provinces sont souveraines dans certains domaines de juridictions exclusives.

Aux États-Unis, les intérêts des États sont directement représentés au gouvernement central par les sénateurs, élus au suffrage universel. Le gouvernement central exprime donc les intérêts directs du peuple américain, par la Chambre des représentants et ceux des États, par le sénat, où siègent deux sénateurs par État. De plus, chaque loi et chaque nomination politique à la haute fonction publique fédérale et aux tribunaux fédéraux doivent avoir l'aval du sénat. Et, comme nous l'avons vu ci-dessus, le Congrès profite largement de l'interprétation élastique qui est donnée à la clause «*interstate commerce*».

Il arrive donc, trop fréquemment au goût des États américains, que le Congrès vote des lois d'application nationale, inutiles pour certains États ou extrêmement coûteuses à appliquer. On dit qu'il en coûterait 44 milliards $ aux États pour appliquer les diverses lois nationales environnementales, comme la «Clean Air Act» et la «Clean Waters Act». Le sénat vient donc de déposer un projet de loi, visant à obliger le Congrès, quand il vote des lois nationales ayant des implications financières pour les États, à voter en même temps les budgets (*New York Times*, 6 janvier 1995).

La toute-puissance du gouvernement central américain n'est pas sans créer des tensions importantes. Ainsi, plusieurs États américains veulent créer une «Conférence des États», afin de lutter contre ce qu'ils considèrent être un déséquilibre de plus en plus marqué entre le pouvoir du gouvernement fédéral et le pouvoir des États. Ces derniers voient leur marge d'action de plus en plus réduite et se plaignent que Washington leur impose des lois, bonnes ou mauvaises, sans les consulter et sans se soucier de savoir s'ils ont les moyens financiers de les faire appliquer.

Si le projet de Conférence des États était accepté par la majorité des Congrès des États, la conférence se réunira dès l'automne 1995. Elle discutera du meilleur moyen de corriger les déséquilibres des pouvoirs et fera des recommandations qui seront présentées au Congrès. Tout le monde est d'accord pour dire qu'il est nécessaire d'avoir un débat national sur l'équilibre des pouvoirs. Tom Ridge, gouverneur de la Pennsylvanie, a dit récemment au *Wall Street Journal* (3 janvier 1995): *«J'ai servi au Congrès pendant 12 ans et nous y écrasions quotidiennement les droits des États. Ce n'est que lorsque ces derniers parleront d'une seule voie, que cela changera».*

Mais même si un nouvel équilibre entre les États et le gouvernement central était négocié pour corriger ces excès, le système fédéral restera beaucoup plus centralisé aux États-Unis qu'au Canada.

CANADA *VS.* SUISSE : QUI EST PLUS DÉCENTRALISÉ?

On dit que la Suisse est la fédération la plus décentralisée du monde industriel et que le Canada est la deuxième. Les indépendantistes citent fréquemment la confédération helvétique comme modèle de décentralisation. C'est pourquoi nous avons choisi de comparer ces deux pays.

Pour comparer le degré de décentralisation des fédérations canadienne et helvétique qui sont, en quelque sorte, les deux finalistes mondiaux dans cette catégorie, nous utiliserons deux indicateurs:

- Plus une fédération est décentralisée, plus les provinces possèdent de compétences exclusives.
- Plus une fédération est centralisée, plus l'État fédéral détient les compétences exclusives.

En ce qui concerne le degré de décentralisation financière, nous proposons deux autres indicateurs:

- Plus la fédération est décentralisée, plus les provinces possèdent de sources propres de revenus pour la réalisation de leurs responsabilités constitutionnelles.
- Encore une fois, plus la fédération est décentralisée, plus les provinces ont la capacité de dépenser librement leurs revenus sans aucune dépense obligatoire fixée par le fédéral.

On notera que la montée de l'État-providence depuis la Deuxième Guerre mondiale a élargi et rendu plus complexe le champ d'intervention des différents paliers de gouvernement, rendant nécessaire une collaboration étroite entre eux. Par conséquent, il est de plus en plus difficile de distinguer clairement les responsabilités de chaque palier étant donné qu'ils collaborent souvent à l'exécution des services gouvernementaux et supportent une partie des frais financiers. Plusieurs auteurs parlent de «fédéralismes interconnectés» pour décrire cette nouvelle interdépendance financière au sein des États fédéraux.

Regardons donc un certain nombre de points de comparaison entre la Suisse et le Canada.

Les juridictions provinciales exclusives

Au Canada, les deux paliers gouvernementaux sont soumis au contrôle de la Constitution. Ainsi, la Cour suprême du Canada s'assure que chaque palier respecte les compétences de l'autre palier. Si une loi fédérale entre en conflit avec une loi provinciale, dans une compétence relevant exclusivement des provinces telle que définie par la Constitution, la loi provinciale l'emporte. Les provinces canadiennes sont effectivement souveraines dans leurs sphères de compétence.

En Suisse, les lois cantonales, même relevant de la compétence cantonale, peuvent être annulées par la Cour Suprême si elles entrent en conflit avec les lois fédérales.

Les juridictions fédérales exclusives

Les provinces canadiennes interviennent exclusivement ou principalement dans plus de compétences que les cantons suisses (9 au Canada contre 4 en Suisse pour le gouvernement helvétique, voir Tableau 1). Ce dernier détient plus de compétences exclusives que le gouvernement central au Canada (19 pour la Suisse contre 13 pour le Canada; voir Tableau 2). Il est intéressant de constater en outre que le gouvernement central suisse a compétence exclusive dans 5 domaines qui, au Canada, sont de compétence partagée entre le fédéral et les provinces. Il s'agit de l'immigration, des relations de travail, de l'environnement, de l'agriculture et des ressources naturelles (voir Tableau 2 et Tableau 3).

Le degré d'autonomie financière des provinces

Les provinces canadiennes ont une plus large autonomie financière que les cantons suisses. Le degré d'autonomie financière dans un État fédéral peut se mesurer par deux indicateurs: la part des provinces dans les recettes totales du secteur public, d'une part, et la part des provinces dans les dépenses du secteur public, d'autre part.

Les gouvernements fédéraux canadien et suisse recueillent environ le même pourcentage des recettes totales, 49 % et 50 % respectivement, mais, il y a une différence marquée entre les provinces canadiennes et les cantons suisses (41 % et 28 %; voir le Tableau 4).

Au chapitre des dépenses, le gouvernement central suisse dépense légèrement plus que le gouvernement fédéral canadien (48 % et 43,6 %). Mais les provinces déboursent 40,6 % des dépenses totales, tandis que les cantons dépensent 30 %. Ici il faut tenir compte des transferts intergouvernementaux car ceux-ci représentent une partie substantielle des dépenses du gouvernement fédéral canadien (voir le Tableau 5).

L'autonomie par rapport au système de péréquation

En Suisse et au Canada, comme dans d'autres pays fédéraux, il y a deux types de transferts intergouvernementaux: les transferts inconditionnels et les transferts conditionnels. Dans les deux pays, les transferts inconditionnels sont, en général, des paiements de péréquation versés par l'État fédéral à des provinces. Ces paiements visent à réduire l'écart fiscal entre les provinces nanties et les provinces démunies afin que ces dernières puissent fournir des services publics de base comparables à ceux fournis par les provinces nanties, sans avoir recours à des impôts supplémentaires. Aucune condition sur la manière dont ils sont utilisés n'est attachée à ces transferts. Les transferts conditionnels sont également des paiements versés par l'État fédéral mais qui ont pour objectif la réalisation de certains programmes spécifiques désignés par ce dernier comme étant d'importance nationale. Dans les deux pays, ces paiements visent la mise en œuvre de vastes programmes sociaux relevant de la compétence constitutionnelle des provinces.

Dans la plupart des pays fédéraux, les transferts conditionnels comportent des conditions spécifiques sur la manière dont les provinces peuvent disposer de ces fonds. Si ces dernières ne se conforment pas aux normes d'exécution fixées par le fédéral, elles ne reçoivent pas ces transferts. Ceci permet au gouvernement central d'influencer le processus décisionnel des provinces lorsque les transferts représentent une partie substantielle de leurs recettes totales. Les provinces, dépendantes des subventions fédérales, sont obligées de suivre les directives fédérales afin de ne pas avoir à augmenter leurs propres impôts, mesure toujours impopulaire qui risque de leur faire perdre des votes. Ces types de transferts incitent les provinces à réviser leurs priorités et leurs choix politiques en fonction des objectifs fédéraux.

Mais l'aspect contraignant de ces transferts dépend des contrôles exercés par le gouvernement fédéral sur les provinces. L'intensité de ces contrôles peut varier considérablement d'un pays à l'autre. Le fédéral peut choisir de n'employer aucune des mesures suivantes: approbation des plans, imposition des règlements et des procédures, implication des gestionnaires fédéraux dans l'administration des programmes, inspections et contrôles comptables sur place, etc.

Dans ce contexte, le Canada est plus décentralisé que la Suisse, car les provinces reçoivent moins de transferts conditionnels du gouvernement fédéral que les cantons suisses (64 % au Canada contre 70 % en Suisse; voir le Tableau 6). En Suisse, les pourcentages formels correspondent assez bien au caractère réel des transferts conditionnels, car la Confédération helvétique exerce des contrôles très stricts sur l'utilisation que les cantons doivent faire des transferts conditionnels (Orban, 1984: 331). Telle n'est pas la situation canadienne.

Au Canada, les transferts conditionnels sont appelés des «transferts de nature spécifique». Ces paiements, qui visent à la réalisation de certains programmes sociaux bien spécifiques, sont conformes à la définition des transferts conditionnels. Pourtant, dans la grande majorité des cas, le gouvernement canadien n'exerce aucun contrôle sur l'usage de ces fonds et pratique la politique du «arm's length». C'est ainsi que certains transferts dits «conditionnels» deviennent des transferts «inconditionnels», puisque les provinces peuvent débourser ces fonds à leur gré.

Au Canada, les transferts conditionnels sur lesquels un contrôle fédéral est véritablement exercé ne représentent que 18,4 % des transferts totaux (voir Tableau 6), ce qui fait du Canada une fédération considérablement plus décentralisée que la fédération suisse, où les transferts intergouvernementaux «conditionnels» constituent 70 % des transferts totaux (Smiley, 1984: 42). Compte tenu de la nature plutôt inconditionnelle des transferts fédéraux canadiens, nous constatons que les provinces dépensent à leur convenance environ deux tiers (66 %) des dépenses du secteur public au Canada, tandis que les cantons ne peuvent dépenser à leur guise que 30 % des dépenses du secteur public en Suisse (Mallory, 1984:413).

CONCLUSION

Le Canada gagne la palme d'or de la décentralisation!

La centralisation excessive prétendue de l'État fédéral canadien, qui envahirait les champs de juridiction provinciale, est une pure construction de l'esprit qui ne s'appuie sur rien de concret. Certes, il y a plusieurs domaines qui sont conjointement occupés par les deux paliers de gouvernement. Ceci résulte du fait que les pères de la Confédération canadienne ne pouvaient prévoir l'émergence de tous les secteurs modernes qui font l'objet d'intervention par l'État (protection environnementale, formation de la main d'œuvre, recherche et développement, stratégies industrielles, etc.). Le partage des pouvoirs en 1867 était approximatif et minimal. L'évolution de la société a certainement complexifié la problématique, non seulement ici mais dans tous les pays du monde. En raisonnant à partir de faits objectifs plutôt qu'à partir de doctrines arbitraires et de slogans émotifs, on peut affirmer, preuves à l'appui, qu'aucune fédération, même la Suisse, n'est plus décentralisée que la nôtre.

On peut toutefois objecter que la décentralisation en Suisse se situe surtout au niveau des citoyens, à qui l'article 89 de la Constitution donne un droit au référendum sur les lois fédérales et les arrêtés de portée générale, votés par l'Assemblée fédérale (si la demande en est faite par 50 000 citoyens actifs ou 8 cantons). Certains pourront donc conclure que la Suisse est plus décentralisée que le Canada. Même dans ce cas, n'oublions pas que le Canada resterait quand même le deuxième pays le plus décentralisé des pays industrialisés!

Par conséquent, il ne serait pas approprié de prôner une dilution encore plus grande de l'État fédéral sous la forme d'une souveraineté-association dont certains rêvent au Québec, ou d'une décentralisation massive, comme le recommandent certains partis de l'Ouest du pays, car ceci irait à l'encontre de la nécessité d'une gestion intégrée des interdépendances.

Au contraire, une des forces motrices du séparatisme québécois est justement l'absence de centralisation au Canada. Le Premier ministre Jacques Parizeau et le vice-premier ministre Bernard Landry ont dit plusieurs fois dans des discours publics, qu'ils sont devenus indépendantistes par ce que le Canada est trop faible. La thèse de la centralisation excessive du Canada devra donc être abandonnée, car elle est totalement fantaisiste.

Si on ajoute à l'analyse constitutionnelle l'analyse de l'équilibre des pouvoirs économiques entre le gouvernement central et les gouvernements régionaux, il est clair que le gouvernement central américain est beaucoup plus puissant que le gouvernement fédéral canadien. Par son pouvoir réglementaire et législatif ainsi que par son pouvoir de dépenser, le gouvernement fédéral américain est le véritable patron. On imaginerait mal le gouverneur de l'État de New York ou celui de la Californie, contredire les politiques économiques du gouvernement américain ou défier son autorité. Au Canada, au contraire, les grandes provinces comme l'Ontario et le Québec peuvent avoir des politiques macro-économiques en contradiction avec celles du gouvernement fédéral. D'ailleurs, le pouvoir de dépenser de l'ensemble des provinces dépasse aujourd'hui celui du fédéral. Le poids du gouvernement fédéral est maintenant inférieur à 40 % du budget total du secteur public canadien, le reste étant entre les mains des gouvernements provinciaux.

TABLEAU 1
LES JURIDICTIONS EXCLUSIVES DES PROVINCES

CANADA	SUISSE
1. Éducation	1. Éducation primaire et secondaire
2. Administration de la justice	2. Administration de la justice
3. Bien-être social	3. Bien-être social
4. Éducation post-secondaire	**4. Langue**
5. Éducation professionnelle	
6. Forêt	
7. Propriété	
8. Santé*	
9. Droit civil	

Sources: (Kloti, 1988:94; Hughes, 1982:3-80; Rémillard, 1980: 604-606; Beaudoin, 1982).

* Afin de faciliter la comparaison, dans les Tableaux 1,2 et 3, nous n'avons pu utiliser la terminologie exacte de la Constitution.

**Sujet à certaines normes fédérales.

TABLEAU 2
LES JURIDICTIONS EXCLUSIVES DU GOUVERNEMENT FÉDÉRAL

CANADA	SUISSE
1. Service postal	1. Service postal
2. Militaire	2. Militaire
3. Politique étrangère	3. Politique étrangère
4. Douanes	4. Douanes
5. Navigation	5. Navigation
6. Banques-monnayage	6. Banques-monnayage
7. Droit criminel	7. Droit criminel
8. Divorce	8. Divorce
9. Chemins de fer	9. Chemins de fer
10. Télégraphes	10. Télégraphes
11. Poids et mesures	11. Poids et mesures
12. Assurance-chômage	12. Assurance-chômage
13. Citoyenneté	13. Citoyenneté
	14. Immigration
	15. Éducation professionnelle
	16. Agriculture
	17. Code civil
	18. Relations de travail
	19. Ressources naturelles

Sources: (Kloti, 1988:94; Hughes, 1982:3-80; Rémillard, 1980: 604-606; Beaudoin, 1982).

TABLEAU 3
LES JURIDICTIONS PARTAGÉES

CANADA	SUISSE
1. Culture	1. Culture
2. Transport (routier)	2. Transport (routier)
3. Industrie-commerce	3. Industrie-commerce
4. Langue	**4. Forêt**
5. Police	**5. Santé**
6. Immigration	**6. Éducation post-secondaire**
7. Relations de travail	**7. Propriété**
8. Environnement	
9. Agriculture	
10. Ressources naturelles	

Sources: (Kloti, 1988:94; Hughes, 1982:3-80; Rémillard, 1980: 604-606; Beaudoin, 1982).

TABLEAU 4
RECETTES TOTALES

CANADA (1989)		**SUISSE (1989)***	
Fédéral	49 %	Fédéral	50 %
Provinces	41 %	Cantons	28 %
Municipal	10 %	Municipal	22 %
TOTAL	100 %	TOTAL	100 %

Source: (Government Finance Statistics, 1993: 170-176, 514-518; Annuaire statistique de la Suisse, 1994).

* Les pourcentages pour la Suisse représentent des estimations basées sur des données fournies par Government Finance Statistics.

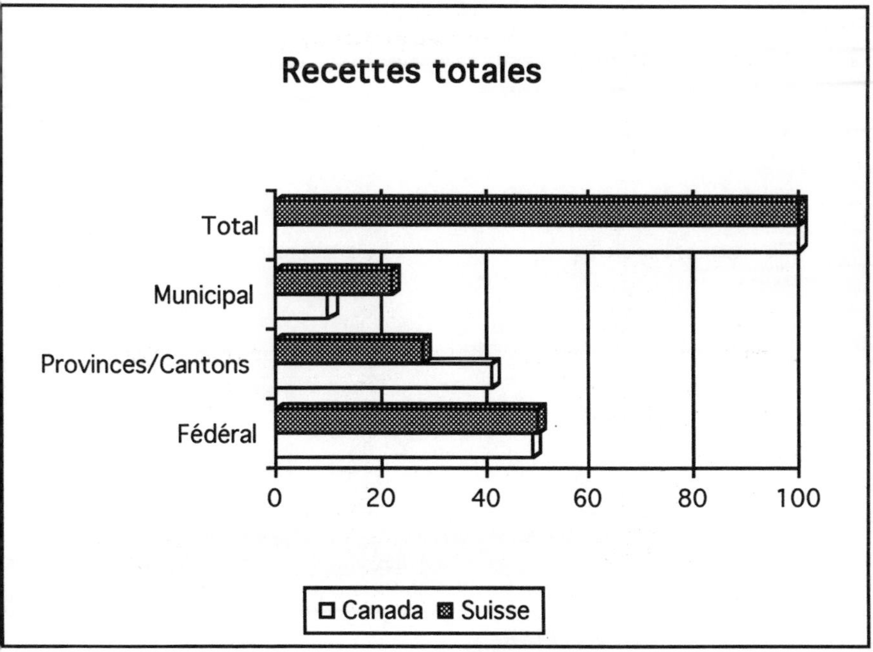

Recettes totales

Total
Municipal
Provinces/Cantons
Fédéral
0 20 40 60 80 100
Canada Suisse

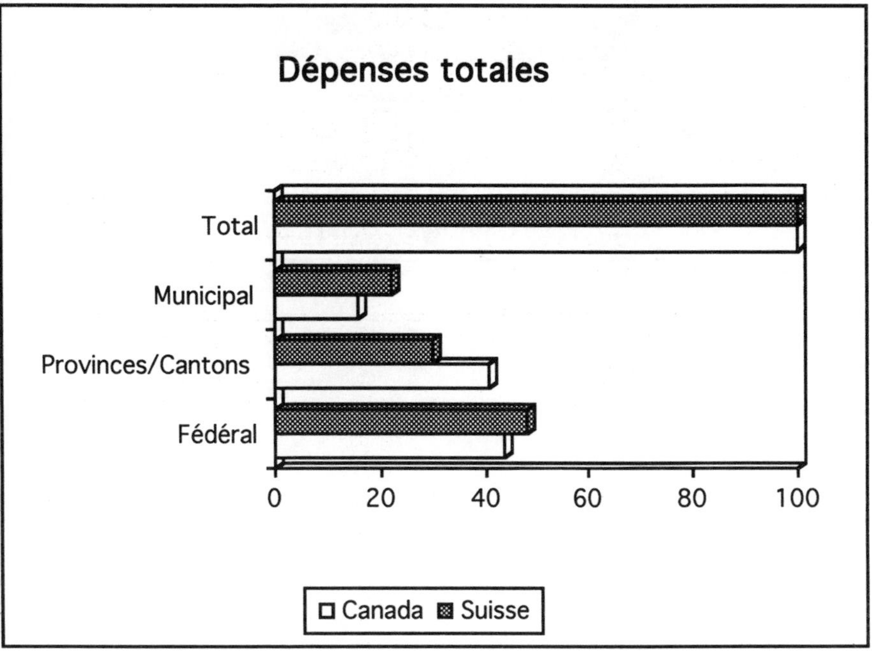

Dépenses totales

Total
Municipal
Provinces/Cantons
Fédéral
0 20 40 60 80 100
Canada Suisse

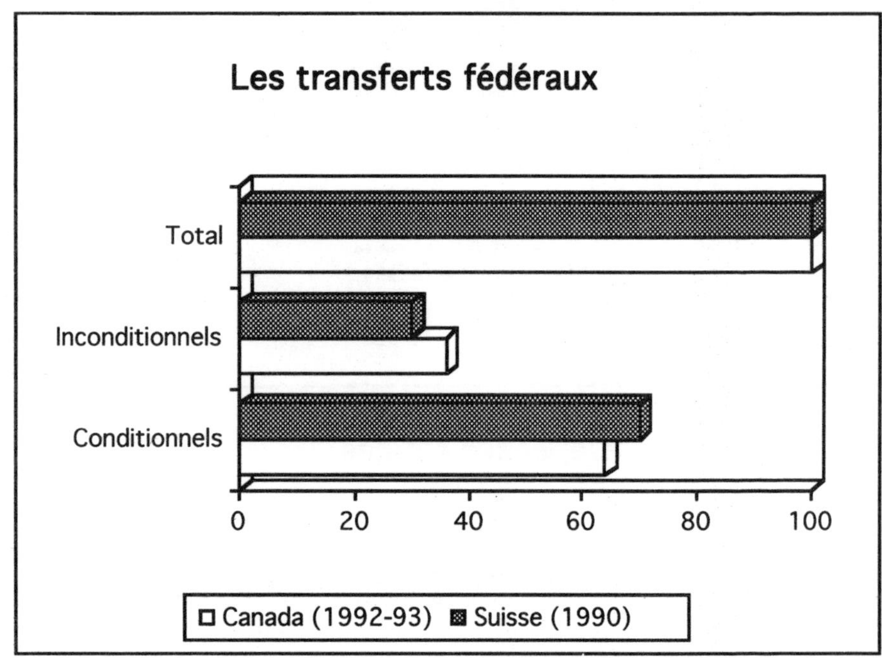
Les transferts fédéraux
Total
Inconditionnels
Conditionnels
0
20
40
60
80
100
Canada (1992-93)
Suisse (1990)

TABLEAU 5
DÉPENSES TOTALES

CANADA (1989)		**SUISSE (1989)***	
Fédéral	43,6 %	Fédéral	48 %
Provinces	40,6 %	Cantons	30 %
Municipal	15,8 %	Municipal	22 %
TOTAL	100 %	TOTAL	100 %

Source: (Government Finance Statistics, 1993: 170-176, 514-518; Annuaire statistique de la Suisse, 1994).

* Les pourcentages pour la Suisse représentent des estimations basées sur des données fournies par Government Finance Statistics et l'Annuaire statistique de la Suisse, 1994.

TABLEAU 6
LES TRANSFERTS FÉDÉRAUX

CANADA (1992-93)		**SUISSE (1990)****	
Conditionnels	64 % (18,4 %)*	Conditionnels	70 %
Inconditionnels	36 % (81,6 %)	Inconditionnels	30 %
TOTAL	**100% (100%)**	**TOTAL**	**100 %**

Sources: (Annuaire du Canada, 1994; Bird, 1986:46; Smiley, 1984:42; Annuaire statistique de la Suisse, 1994).

* Les chiffres entre parenthèses représentent les estimations sur la véritable répartition des transferts conditionnels et inconditionnels lorsqu'on tient compte du manque de contrôle qu'exerce le fédéral sur les transferts dits «conditionnels» aux provinces (Smiley, 1984:46).

**estimations faites à partir de l'Annuaire statistique de la Suisse (1994) et Bird (1986)

Mythe 3: Le fédéralisme coûte cher aux Québécois

«Les chiffres sont des innocents qui avouent lorsqu'on les torture».

(dicton populaire)

Mise en contexte

Il ne se passe pas une semaine sans que l'on entende dire que le *statu quo* constitutionnel est inacceptable. Pour certains il faut se séparer, pour d'autres il faut faire des propositions de réforme.

Les indépendantistes nous assurent que le fédéralisme coûte cher aux Québécois, et que l'indépendance, en mettant fin aux dédoublements et aux chevauchements, permettrait de réaliser d'importantes économies. Ils ajoutent que le Canada est un «bateau sans gouvernail» qu'il convient d'abandonner, car rien ne fonctionne plus: l'échec des accords de Meech et de Charlottetown est une preuve que le fédéralisme n'est pas réformable. Et pour une population consciente de l'importance d'assainir les finances publiques, le Parti québécois n'hésite pas à proposer la souveraineté, comme solution. À la page 63 de son programme de 1994 il nous dit que «*la souveraineté permettra de faire d'importantes économies grâce à la rationalisation des dépenses découlant de la fusion des opérations des deux paliers de gouvernement. Une réduction des coûts administratifs de fonctionnement produirait des économies de deux à trois milliards de dollars*» (Parti québécois, 1994:63).

Le ministre québécois de la Restructuration, Richard Le Hir, a précisé au quotidien *La Presse* le 2 novembre 1994, qu'advenant l'indépendance, le gouvernement québécois ferait des économies importantes grâce à l'élimination des chevauchements et des dédoublements (Fontaine, 1994: B-4). Il a d'ailleurs soulevé un tollé de critiques en rendant publics des chiffres très contestés (14 et 15 novembre 1994).

Dans le même sens, le Bloc québécois précise dans son programme que:

> *«le Québec souverain pourra ainsi gérer plus sainement ses finances publiques, une des grandes priorités de l'heure ...[car] seront éliminés les innombrables chevauchements de juridictions entre Québec et Ottawa, avec le gaspillage qu'ils entraînent»* (Bloc québécois, 1993:70).

Ce discours sous-entend que l'appartenance à une fédération n'est intéressante, que s'il revient à la province au moins autant d'argent qu'elle n'en met dedans en taxes et en impôts.

Cette approche est faussée, car au-delà de la guerre des chiffres, l'appartenance au fédéralisme canadien, c'est aussi la possibilité de faire beaucoup plus ensemble. Il est donc simpliste de réduire le débat sur l'appartenance du Québec au Canada à une simple comptabilité fédérale-provinciale. Notre appartenance au Canada, c'est certes la possibilité de faire beaucoup plus à un moindre coût, mais c'est aussi la possibilité de développer ensemble des choses que nous n'aurions pu faire seuls. Nous créons une synergie dans bien des domaines, en mettant en commun nos forces sociales, culturelles, économiques, financières et institutionnelles. L'appartenance au Canada, c'est une appartenance à un territoire, une citoyenneté, un passeport, une union économique, une union monétaire, un projet de justice sociale (programmes sociaux), une ouverture culturelle (deux langues)... C'est aussi la possibilité de développer un projet de société. Les avantages de l'appartenance au Canada sont nombreux mais ils ne peuvent pas toujours se chiffrer.

Une fois cette mise en contexte faite, on peut dire qu'il y a deux volets au mythe voulant que le fédéralisme coûte cher aux Québécois, qui, nous allons le voir, sont mal fondés.

- Premier volet du mythe: le fédéralisme canadien coûte cher aux Québécois, car le Québec reçoit moins que sa «juste part».

- Deuxième volet du mythe: le fédéralisme coûte cher à cause des chevauchements et des dédoublements, et l'indépendance va permettre d'importantes économies.

PREMIER VOLET DU MYTHE: LE FÉDÉRALISME CANADIEN COÛTE CHER AUX QUÉBÉCOIS, CAR LE QUÉBEC REÇOIT MOINS QUE SA «JUSTE PART»

On nous dit: *«Le fédéralisme coûte cher aux Québécois qui ne reçoivent d'ailleurs pas leur «juste part» des dépenses fédérales».*

En réalité: le Québec est bénéficiaire de sa participation à la fédération

Le Parti québécois et le Bloc québécois ont affirmé à maintes reprises que les Québécois ne reçoivent pas leur «juste part» de ce qu'Ottawa distribue aux provinces. Cette idée choque la population, car elle a l'impression que le Québec est le «parent pauvre», celui qui est servi le dernier et qui reçoit moins que les autres (en particulier, moins que l'Ontario). Certains Québécois en concluent, aussi, qu'ils reçoivent moins du gouvernement fédéral, que ce qu'ils lui versent en taxes et en impôts.

Malgré les limites de la guerre des chiffres et de l'utilisation du concept de «juste part», nous allons voir que les chiffres ne nous donnent aucune raison de penser que le Québec est exploité. En effet, le Québec sort gagnant de l'union économique canadienne et reçoit, du gouvernement fédéral, une part supérieure au prorata de sa population et de son PIB. Il reçoit donc plus que les autres provinces et depuis quelques décennies, il a plus obtenu du gouvernement fédéral qu'il n'a contribué.

Dans les dernières décennies, le Québec a reçu plus en retour de ce qu'il a versé, en taxes et impôts, au fédéral.

Il peut sembler ardu de naviguer à travers des chiffres qui ne coïncident pas toujours. Une conclusion s'impose cependant: le Québec a été largement bénéficiaire du système fédéral.

Depuis 1972, le Québec a retiré en moyenne 2,3 milliards $ de plus par année qu'il n'a versé à Ottawa. Selon une étude effectuée par André Raynauld pour le compte du Conseil du patronat en 1990, si le Québec s'était séparé en 1980, il aurait perdu entre 23 et 27 milliards. Pour la période de 1980 à 1988 ces chiffres ne comprennent pas les coûts associés au service de la dette. Pour la seule année 1986, le manque à gagner se serait traduit par une hausse d'impôts correspondant à 1,5 % du PIB québécois et à environ 3,5 % de l'ensemble des impôts perçus au Québec (Raynauld, 1990:17).

Toujours selon la même étude, le Québec a versé, en 1988, moins d'impôts fédéraux (23 %) que sa proportion du revenu ou du PIB canadien (24 %). Quant aux dépenses fédérales faites au Québec, elles étaient équivalentes à 24 % des dépenses fédérales faites au Canada, soit la même proportion que la part du Québec au PIB canadien.

Ces dépenses sont décomposées en trois catégories. Tout d'abord, les dépenses en biens et services sur lesquelles les indépendantistes aiment attirer l'attention, car le Québec ne retire que 18 % du total canadien; puis les transferts aux particuliers (les pensions, les prestations du chômage, etc.) qui s'élèvent à 24 %. Et enfin, les transferts intergouvernementaux par lesquels le Québec reçoit 32 % du total canadien, soit beaucoup plus que sa part du PIB (24 %) ou des impôts versés (23 %). Par contre, en 1988, le PIB de l'Ontario était égal à 41,2 % du PIB canadien, et les impôts versés par les contribuables ontariens représentaient 45 % des recettes fiscales du gouvernement fédéral. Mais les dépenses fédérales en Ontario, ne représentaient que 28 % des dépenses totales canadiennes.

En 1988, le Québec a enregistré un gain net fiscal d'environ 800 millions à un milliard de dollars, en raison de ses transactions fiscales avec le gouvernement fédéral. Ce calcul a été fait en tenant compte, d'une part, de la balance fiscale nette du Québec (différence entre les dépenses fédérales faites au Québec et les impôts fédéraux en provenance du Québec), et d'autre part, en faisant les ajustements et les corrections nécessaires pour l'abattement fiscal fédéral, le déficit budgétaire fédéral, le service de la dette.

Selon Statistique Canada, en 1992 Ottawa a dépensé 956 $ de plus par Québécois qu'il n'a reçu de taxes et impôts de cette province. Il a, en outre, dépensé 215 $ de plus par Ontarien et 5 833 $ de plus par habitants de l'Ile du Prince-Édouard, tandis que les provinces de l'Alberta et de la Colombie-Britannique ont versé plus qu'elles n'ont reçu! Depuis 1970, le Québec a toujours reçu plus et l'Alberta toujours moins!

Certes les chiffres varient selon les études, comme nous allons le voir, mais aucune étude sérieuse ne peut démontrer que le Québec est perdant, bien au contraire.

Même si nous sommes conscients que cette succession de chiffres peut être indigeste pour le lecteur, nous lui soumettons les quelques données chiffrées qui suivent, afin qu'il puisse lui-même tirer ses propres conclusions.

Ainsi, si on fait les abattements nécessaires, comme l'a fait la firme Infometrica (données publiées dans *La Presse* du 15 novembre 1994), on arrive à la conclusion que chaque Ontarien a contribué au budget fédéral pour 1400 $ de plus qu'il n'a reçu, alors que le Québec a retiré un léger gain par habitant de 250 $ et l'Ile du Prince-Édouard de 5 629 $.

De plus, selon une étude de 1994 du Fraser Institute, nous constatons que le Québec enregistre un gain net de dépenses fédérales, car il reçoit 696 $ de plus par habitant en moyenne du gouvernement fédéral, qu'il ne lui verse en impôts (Walker, 1994).

En d'autres termes, si nous nous fondons sur ces calculs, qui confirment la position d'André Raynauld, nous pouvons conclure que le Québec a reçu plus qu'il n'a versé en 1993. Ce gain net pour les Québécois peut, selon les modes de calcul, varier entre 2,34 milliards $ et 5,07 milliards $. En effet, on arrive au chiffre très conservateur de 2,34 milliards $, en prenant comme base de calcul les 3,33 millions de déclarants québécois à l'impôt fédéral. Par contre, on conclura que le Québec a gagné 5,07 milliards $, environ, si on calcule que chaque Québécois réalise un gain net de 696 $, comme le soutien M. Walker, du Fraser Institute (Walker, 1994).

Le Québec reçoit plus que sa «juste part» en transferts, mais il faut remettre en cause ce concept qui est une arme à double tranchant.

Le Bloc québécois a souvent prétendu, notamment en campagne électorale (1993), que le Québec recevait moins que l'Ontario. A titre d'exemple, Lucien Bouchard prétendait que le Québec n'obtenait pas sa part des dépenses fédérales consacrées à l'agriculture, au développement régional et à la recherche et au développement.

L'analyse des transferts pour l'année 1993-1994 indique que le Québec reçoit davantage du gouvernement fédéral, que ce qu'il représente dans la population (25 %) (Tableau 1) ou dans l'économie canadienne (22,5 % du PIB) (Tableau 2).

Mais comme le disait le scientifique Aurèle Beaulnes, président de la firme MNCI Inc, il convient de remettre en question le principe de la «juste part» que le Québec doit recevoir du gouvernement fédéral, mise en avant par les indépendantistes. L'application du concept de «juste part» est une arme à double tranchant, périlleuse et peu rationnelle. L'excellence, et non le poids démographique, devrait être le seul critère de sélection pour l'attribution des fonds limités alloués en compétition. Prenons l'exemple de la culture et celui de la science. Que faire si une communauté d'artistes et de scientifiques, comme c'est le cas actuellement de celle du Québec, mérite de recevoir, dans un contexte compétitif à l'échelle nationale, une part de 30 % en sciences et de 37 % dans le domaine culturel? Faut-il plafonner les fonds alloués à cette communauté à 25 %, ce qui équivaudrait à une perte annuelle de 100 millions $ en sciences, et de 45 millions $ dans le domaine de la culture?

On a pourtant beaucoup entendu dire que le Québec recevait beaucoup moins que sa «juste part» de 25 %, dans le domaine des programmes fédéraux en science et en technologie. A Ottawa le député Gilles Duceppe citait le chiffre de 11 %; d'autres députés évoquaient le chiffre de 18 %. Mais Aurèle Beaulnes précise que «*l'analyse rigoureuse et globale de tous les programmes de contrats, de contributions et de subventions en matière de recherche et de développement et d'activités scientifiques connexes révèle que le rendement du secteur privé au Québec se situe autour de 30 %. Cette valeur est supérieure à celle des paramètres habituels de la «juste part»: la population (25 %), le PIB (23 %) ou la main d'œuvre scientifique (22 %)*» (pour une description complète de la part du Québec en matière de recherche et de développement, voir Aurèle Beaulnes, 1994).

En matière de développement régional, l'étude la plus complète est celle du professeur Gérald Bernier dans *Bilan québécois du fédéralisme canadien* (Bernier:1992). Embrassant toute la période comprise entre 1970 et 1989, elle indique que le Québec a reçu sa juste part et même davantage, lors des dernières années.

Mais les chiffres peuvent être manipulés, et l'on peut leur faire dire ce que l'on veut, comme en témoignent les exemples sur l'agriculture et la recherche et le développement.

Tout au long de la campagne fédérale de 1993, on a pu entendre M. Bouchard prétendre que le Québec n'obtenait pas sa part des dépenses fédérales consacrées à l'agriculture et à la recherche et au développement. Comme le précise le politicologue Stéphane Dion il est vrai que dans le domaine de l'agriculture, la part des dépenses fédérales de soutien au secteur agro-alimentaire en pourcentage du PIB agro-alimentaire a été, entre 1985 et 1992, de 19 % à l'échelle canadienne et de 8 % pour le Québec. L'Ontario n'a obtenu que 7 %, la part du lion ayant été octroyée aux producteurs de céréales de l'Ouest en raison de la baisse importante de leurs revenus (Dion, 1993:B-3).

Par ailleurs, le gouvernement fédéral intervient aussi en coordonnant le système national de gestion de l'offre, dont bénéficient particulièrement les producteurs laitiers, fortement concentrés au Québec. Ces producteurs québécois sont ainsi subventionnés par tous les consommateurs canadiens grâce à la réglementation fédérale.

Quant à l'aide à la recherche et au développement, les données de Statistique Canada indiquent que le Québec et l'Ontario obtiennent respectivement environ 29 % et 50 % du total des dépenses fédérales. Mais les fonds imputés à l'Ontario vont, pour une large part, aux laboratoires et aux agences du gouvernement fédéral, dont plusieurs sont localisés à Ottawa. Il s'agit d'une comptabilité interne, par laquelle le gouvernement fédéral finance ses propres organismes, qui sont au service de tous les Canadiens. Si on soustrait ces fonds accordés aux organismes fédéraux, la part reçue par le Québec se compare avantageusement à celles des autres provinces.

Il faudrait apporter des corrections analogues aux chiffres produits par le Bloc en 1993, concernant les investissements des ministères et les achats du gouvernement fédéral. Lorsque les indépendantistes se plaignent d'un «biais systématique» en faveur de l'Ontario, il s'agit précisément des quelques programmes dont le fonctionnement exige une certaine concentration. «*Si on appliquait cette comptabilité au Québec,* conclut Stéphane Dion, *c'est toutes les régions québécoises qui devraient se révolter contre le «traitement de faveur» accordé à la Vieille Capitale*» (Dion, 1993: B-3).

Le Québec reçoit davantage que l'Ontario

«*La théorie voulant que le gouvernement fédéral serve d'abord et avant tout les intérêts de l'Ontario, est complètement erronée pour ce qui concerne les flux d'impôts et de dépenses*» (Raynauld, 1990: 7).

En effet, le Québec, avec 25 % de la population canadienne et 22,5 % du PIB canadien, est nettement avantagé par rapport à l'Ontario, qui a 37 % de la population canadienne et 40 % du PIB du pays.

En 1993-1994, le Québec a reçu 7,8 milliards $ de transferts en espèce sur un total de 29 milliards.

A cela s'ajoutent les transferts en points d'impôts qui correspondent aux impôts prélevés au Québec, soit un total en 1993-1994 de 3,72 milliards $ (sur un total de 11,52 milliards $) (Tableau 4).

Ces transferts incluent principalement trois programmes: la péréquation, le financement des programmes établis ou FPE (santé et enseignement post-secondaire) et le régime d'assistance publique du Canada ou RAPC (bien-être social et services sociaux). (ministère des Finances du Canada, 1994a:6; voir Tableau 3).

Comme on peut le voir, ces transferts ne sont pas uniquement des transferts d'assistance sociale. Ils contribuent à la création d'emplois. C'est en bonne partie le cas de l'aide financière au titre des soins de santé et de l'éducation post-secondaire, qui représente la moitié des transferts aux provinces.

Le Québec reçoit donc la part du lion de la péréquation, soit 46,2 % de la péréquation totale versée en 1993-94 par le gouvernement fédéral (3,8 milliards $ sur 8,5 milliards $). L'Ontario ne reçoit rien, car cette province a sa propre capacité de recettes fiscales, comme c'est le cas de l'Alberta et de la Colombie-Britannique (voir Tableaux 4 et 5). La péréquation est une invention canadienne qui sert au soutien du revenu des gouvernements provinciaux, afin qu'ils puissent assurer des services de base à la population et dont ils disposent à leur discrétion.

Concernant le FPE (santé et enseignement post-secondaire), le Québec a reçu 540 $ par habitant tandis que l'Ontario n'a reçu que 400 $ (voir Tableau 6).

Enfin, en ce qui concerne le régime d'assistance publique du Canada (RAPC), le Québec reçoit 34,6 % des transferts fédéraux associés à ce programme tandis que l'Ontario n'obtient que

30,6 %. Par contre, la répartition par habitant est tout à fait différente. Ici, le Québec reçoit 380 $ par habitant (première province à ce chapitre) et l'Ontario, 230 $ par habitant (dernière province). La différence est due à l'implication des autres programmes (points d'impôts, transferts fiscaux, etc.) dans le calcul du RAPC (ministère des Finances du Canada, 1994c:28).

TABLEAU 1
POPULATION DU QUÉBEC ET DE L'ONTARIO

Population du Canada	29,248,100 (1 juillet 1993)
Population du Québec	7,281,000 (1 juillet 1994)
Pourcentage/Canada	25 %
COMPARAISON	
Population de l'Ontario	10,927,800 (1 juillet 1994)
Pourcentage/Canada	37 %

TABLEAU 2: PIB DU QUÉBEC

Québec	160 milliards $ (1993)
Canada	710 milliards $ (1993)
Pourcentage/Canada	22,5 %
Ontario	285 milliards $ (1993)
Pourcentage/Canada	40 %

TABLEAU 3: TRANSFERTS FÉDÉRAUX EN ESPÈCES VERS LE QUÉBEC

En ce qui concerne les transferts en espèces, le partage est le suivant:

Péréquation	3,8 milliards $
Bien-être	2,0 milliards $
Accords fiscaux	1,7 milliard $
Autres	231 millions $
TOTAL	7,8 milliards $

Source: (Ministère des Finances du Québec, 1994: 11).

TABLEAU 4
TRANSFERTS FÉDÉRAUX EN ESPÈCES ET EN POINTS D'IMPÔTS VERS LE QUÉBEC ET L'ONTARIO

	COMPARAISON	
PROGRAMMES	QUÉBEC	ONTARIO
FPE	5,348	8,023
Péréquation	3,724	0
RAPC	2,800	2,528
TOTAL	11,522	10,551

Source: (Ministère des Finances du Canada, 1994d).

TABLEAU 5
TRANSFERTS FÉDÉRAUX VERS LES PROVINCES

PROGRAMMES	
FPE	21,476
Péréquation	8,500
RAPC	8,050

Ces données comprennent les transferts en espèces (financement des programmes établis, régime d'assistance publique du Canada et péréquation) et ceux en points d'impôts.

Autres	4,700
TOTAL	41,910

Source: (Ministère des Finances du Canada, 1994d).

TABLEAU 6: FPE COMPARAISON QUÉBEC/ONTARIO PAR HABITANT (EN MILLIONS $ 1994)

	QUÉBEC	ONTARIO
Points d'impôts	380 $	400 $
Péréquation	20 $	0 $
Abattement d'impôts	140 $	0 $
TOTAL	540 $	400 $

Source: (Ministère des Finances du Canada, 1994d).

DEUXIÈME VOLET DU MYTHE : LE FÉDÉRALISME COÛTE CHER À CAUSE DES CHEVAUCHEMENTS ET DES DÉDOUBLEMENTS

On nous dit: *«Le fédéralisme coûte cher à cause des chevauchements et des dédoublements. L'indépendance créerait des économies».*

En réalité: les économies que l'indépendance devrait entraîner sont largement exagérées

En examinant la question des chevauchements et des dédoublements d'une manière sérieuse, on ne peut arriver qu'à la conclusion suivante: bien que les chevauchements et les dédoublements existent au Canada, les économies que l'indépendance devrait entraîner sont largement exagérées, comme nous allons le voir.

De plus, il est intéressant de constater que lorsque l'on parle d'économies réalisées par la séparation, on oublie d'une part, que le fédéralisme fait réaliser des économies d'échelle et d'autre part, que la plus grande partie des problèmes de chevauchement ne se situe pas au niveau fédéral-provincial, mais plutôt provincial-provincial, car c'est de là qu'est venu le développement des administrations.

Les coûts engendrés par les dédoublements et les chevauchements fédéraux-provinciaux sont largement exagérés.

La population, désirant que les gouvernements réalisent des économies en coupant dans les frais de fonctionnement, pousse à juste titre, pour une rationalisation des dépenses publiques. Les indépendantistes, quant à eux, pointent du doigt les dédoublements fédéraux-provinciaux, comme étant la principale source de gaspillage. Analysons cette affirmation.

Nous prendrons comme source d'information l'étude la plus détaillée effectuée sur ce sujet: «Chevauchement et dédoublement des programmes fédéraux et provinciaux» (Conseil du Trésor, 1991). En 1991, le gouvernement canadien a fait une revue des cas de chevauchement en procédant à une analyse détaillée de tous les programmes mis en œuvre par le gouvernement canadien. Le Conseil du Trésor a fait son étude à partir des postes de dépenses du gouvernement fédéral figurant au budget du gouvernement du Canada pour l'exercice 1991-1992. De plus, le Conseil a examiné les activités des administrations équivalentes dans les provinces et les territoires. Les gestionnaires des programmes fédéraux ont évalué quelle mesure dans les programmes assuraient les mêmes services ou répondaient aux besoins des mêmes clients. D'autre part, le Conseil a demandé à une centaine d'organisations (notamment des associations nationales et régionales du monde des affaires et de l'industrie, des universités et des établissements de recherches indépendants) de donner leur avis sur le chevauchement et le dédoublement. De hauts fonctionnaires d'organismes centraux des provinces ont également participé à l'étude.

Avant de commencer, il convient de noter qu'il y a souvent une confusion terminologique entre le dédoublement et le chevauchement, qui pourtant se distinguent:

- Il y a dédoublement, lorsque deux paliers de gouvernement interviennent dans un même secteur pour fournir des services à une même clientèle, et que le retrait d'un palier de gouvernement n'aurait aucune incidence sur le bénéficiaire du service.

- Par contre, il y a chevauchement, quand les deux paliers de gouvernement interviennent dans un même secteur pour fournir des services à une clientèle similaire.

VOICI QUELQUES-UNES DES CONCLUSIONS IMPORTANTES:

1) Le dédoublement des programmes est moins important qu'on le pense

On arriverait presque à croire, en écoutant le discours public, qu'il y a des milliers de fonctionnaires fédéraux faisant la même chose que les fonctionnaires à Québec. En réalité, il y a assez peu de dédoublements: les programmes fédéraux et provinciaux offrant les mêmes services aux mêmes clients, ils ne représentent qu'une petite fraction des dépenses totales de l'administration fédérale (au plus 1,3 %). Pour comprendre le sens de ce pourcentage, on notera qu'une augmentation d'un pour cent des taux d'intérêt représenterait, à cause du service de la dette, un fardeau beaucoup plus grand sur les dépenses fédérales que les dédoublements. Ainsi, bien qu'il soit important de travailler à leur réduction, leur élimination même totale n'aurait qu'une incidence marginale sur les finances de l'État.

2) En outre, les chevauchements, lorsqu'il y en a, s'expliquent par une offre de service complémentaire plutôt que concurrente entre les paliers de gouvernement

Un certain degré de chevauchement est inhérent à tout État fédéral, surtout quand certains problèmes tels que le SIDA, l'environnement ou le commerce exigent une réponse tant au niveau national que provincial. L'ancien juge en chef de la Cour suprême, Brian Dickson, le déclarait:

> *«Il est impossible d'éviter, dans un système fédéral, que les dispositions législatives de l'un ou l'autre des niveaux de gouvernement, qui poursuivent des objectifs valables, aient, à l'occasion, des répercussions sur la sphère de compétence de l'autre»* (Conseil du Trésor, 1991:9).

Le chevauchement entre les programmes fédéraux et provinciaux représente 42 % des dépenses des programmes fédéraux. Les auteurs de l'étude ont constaté que, dans une large mesure (il n'y a pas ici de chiffres disponibles), les deux niveaux d'administration interviennent dans les mêmes secteurs d'une manière complémentaire, ce qui leur permet d'atteindre des objectifs compatibles ou de renforcer la participation de l'autre. Dans bien des secteurs, la présence de deux niveaux de gouvernement a sans doute permis à la population de bénéficier de meilleurs services que si un seul niveau de gouvernement les avait offerts. Dans les cas des programmes fédéraux-provinciaux à frais partagés dans le domaine de la santé, par exemple, les transferts fédéraux permettent à toutes les provinces d'offrir une même qualité de services (Conseil du Trésor, 1991:8, 21, 23).

De plus, dans les secteurs où les risques de chevauchements inutiles sont élevés, les gouvernements ont cherché à respecter les limites et les objectifs des autres administrations et à segmenter leurs interventions respectives. Ainsi, chaque niveau de gouvernement complète les interventions de l'autre niveau. Prenons l'exemple des parcs: à première vue, on peut avoir l'impression que les programmes fédéraux et provinciaux se chevauchent directement. Cependant, il ressort d'un examen attentif des programmes, qu'ils ont des objectifs très différents. Le réseau des parcs fédéraux a pour objet principal la préservation du meilleur échantillon de chacune des 39 régions naturelles du Canada, et d'y permettre l'accès et l'interprétation de la nature. Par contre, dans la plupart des provinces, les parcs provinciaux mettent l'accent sur les loisirs et dans une moindre mesure sur la préservation et l'interprétation (Conseil du Trésor, 1991:22).

Prenons comme autre exemple celui de l'agriculture. Dans ce secteur, au Québec, l'administration fédérale et l'administration provinciale disposent chacun d'un programme en matière d'hygiène vétérinaire. Ils ont toutefois des objectifs différents: le programme fédéral vise des objectifs internationaux et commerciaux. Il comprend des inspections et des mises en quarantaine aux postes frontaliers, permettant ainsi de contrôler la santé des animaux destinés à l'exportation et à l'importation et de prévenir l'importation de certaines maladies contagieuses. Le programme québécois, quant à lui, vise essentiellement à assurer un soutien économique au niveau local: il transfère des fonds aux vétérinaires pour la prestation de services au cheptel de la province.

Les économies réalisées par l'absorption de deux niveaux de gouvernement: un mauvais prétexte pour faire l'indépendance

On peut argumenter et avec raison que, dans certains cas, il serait plus simple de transférer l'administration de chaque programme à un seul palier de gouvernement. Le Québec, par exemple, a décidé dans les années 50 d'avoir son propre système de perception d'impôts, alors que dans le reste du Canada, le gouvernement fédéral perçoit, en même temps que les impôts fédéraux, les impôts provinciaux (qu'il redistribue aux provinces).

Personne ne nie qu'il serait très utile de trouver des solutions à certains de ces chevauchements administratifs, car un simple transfert occasionnerait certainement des économies. Mais nous serions d'accord avec cette affirmation si elle ne sous-entendait pas que ce transfert doive se faire automatiquement au niveau provincial, comme le font les indépendantistes, qui réclament la concentration des pouvoirs au Québec.

Et pourquoi ne pas faire preuve d'esprit d'innovation, quand un transfert pur et simple paraît impossible? On pourrait par exemple créer une commission fiscale nationale, qui serait un organisme séparé des gouvernements, dont le seul but serait de gérer la perception des impôts au fédéral et provincial.

Si l'on croit que l'indépendance permet de réaliser des économies, il conviendrait d'analyser cette question dans son ensemble et s'assurer que les changements amélioreraient l'efficacité du système. Malheureusement, en prenant pour acquis que le transfert doit se faire automatiquement en faveur du provincial, on oublie de se demander quel est le niveau où la gestion d'un programme est optimale.

De plus, en affirmant que l'indépendance permettrait des économies par l'absorption des deux paliers de gouvernement, on utilise un mauvais argument, comme nous allons le voir, car l'indépendance, loin de réaliser une économie, entraînerait un dédoublement de pouvoirs supplémentaires.

1) Depuis la Deuxième Guerre mondiale, les gouvernements provinciaux se sont beaucoup développés et ont mis sur pied des mécanismes de coordination interprovinciaux, afin de pallier aux dédoublements provinciaux-provinciaux. L'indépendance accentuerait les dédoublements.

Depuis la Deuxième Guerre mondiale, en effet, on a assisté à une croissance des administrations provinciales et municipales, beaucoup plus fortes qu'au niveau fédéral. En 1950, par exemple, le gouvernement fédéral dépensait 1,93 $ pour chaque dollar que dépensaient les provinces. Ce chiffre est passé à 1,08 $ en 1970 et à 1,07 $ en 1990. En 1950, le gouvernement fédéral consacrait 2,36 $ à l'achat de biens et de services (sans les transferts et le service de la dette), pour chaque dollar que dépensaient les provinces. En 1970, ce chiffre est tombé à 1,09 $ et en 1990, à 0,72 $(Conseil du Trésor, 1991:40).

A mesure que les administrations provinciales ont pris de l'importance, on a assisté à un effort de coordination très marqué entre les provinces, pour pallier au problème relativement peu analysé des dédoublements provinciaux-provinciaux, puisque dans de nombreux domaines, les provinces font exactement la même chose. Prenons l'exemple de l'environnement, puisque la pollution ne respecte pas les frontières. Ou de la santé, puisque toutes les provinces font face au même défi: comment, avec de moins en moins d'argent, assurer des services médicaux «gratuits» à la population tout en maintenant et en améliorant la qualité des services.

Cet effort de concertation, quoique largement insuffisant, est donc indispensable. Si les indépendantistes étaient sérieux dans leur désir de rationaliser la «gouvernance», ils devraient travailler à mettre en commun certains services avec les provinces, afin d'augmenter l'efficacité et de diminuer les coûts. Au lieu de cela, l'indépendance créera un nouveau palier de gouvernement, accentuant les dédoublements déjà existant, et mettra fin à la possibilité de coordonner des activités provinciales-provinciales.

2) La taille du secteur public canadien n'est pas plus importante que celle de certains pays unitaires comme la France et la Grande-Bretagne. L'indépendance du Québec entraînerait un gonflement de l'appareil étatique

On nous dit qu'un seul niveau de gouvernement diminuerait la taille du secteur public et augmenterait l'efficacité de l'État. Ceci est discutable.

Le Canada, pays fédéral avec deux paliers de gouvernement, a un secteur public proportionnellement plus petit que la plupart des pays industrialisés ayant des États unitaires. Ainsi, au Canada, les gouvernements des divers paliers, emploient un peu moins de 19 % de la population active totale, soit moins que dans les pays de l'OCDE, comme la France (25,4 %) et la Grande-Bretagne 19,9 % (Conseil du Trésor, 1991:38).

Une fois indépendant, le Québec serait obligé de procéder à un gonflement de son appareil étatique québécois, afin d'assurer les services que le gouvernement fédéral assurait auparavant.

3)L'appartenance à la fédération entraîne des économies d'échelle. En se séparant, le Québec devra dédoubler des services qu'il met en commun avec le gouvernement fédéral et perdra donc les économies d'échelle que le système fédéral lui permet de réaliser.

Il n'est pas fondé de justifier l'indépendance du Québec par l'idée qu'elle permettra de réaliser des économies, en évitant les dédoublements, car le Québec devra fournir les mêmes services que les gouvernements provinciaux et fédéral, en même temps qu'il devra créer de toute pièce une nouvelle structure gouvernementale.

L'absorption de deux paliers de gouvernement entraînerait de nouveaux coûts, non seulement à cause du gonflement de l'appareil étatique québécois, mais aussi à cause de la perte des économies d'échelle.

En se séparant, le Québec serait obligé de donner des services déjà fournis à l'heure actuelle par le fédéral et ne pourrait plus bénéficier de toutes les économies d'échelle liées au partage des frais fixes et à la rationalisation qu'on peut faire en ayant des services communs avec les neuf autres provinces.

Les exemples d'économie sont nombreux: un ministère des Affaires étrangères au lieu de dix, un ministère de la Défense, ambassades, consulats, contrôles frontaliers, armée. L'appartenance à la fédération permet la mise en commun de services à grande échelle. Parmi ces bénéfices non comptabilisés, on notera la mise en commun des ressources publiques, des devises étrangères, le partage des infrastructures et surtout les économies d'échelle. Une économie d'échelle entraîne une diminution des coûts unitaires par l'accroissement du volume. À titre d'exemple mentionnons le système des transports canadien, qui inclut le rail, la route, le transport aérien et le transport maritime. Dans le secteur de l'énergie et en particulier du gaz naturel, le partage des infrastructures crée une situation où le Québec paie moins que sa quote-part des coûts et obtient, de cette façon, une péréquation continuelle et permanente. Dans le secteur des télécommunications la même analyse s'impose. Les économies d'échelle réduisent le coût d'opération pour le Québec et facilitent son accès à l'autoroute électronique avec tous les avantages qui lui sont associés

Ainsi, en dédoublant tous les services fédéraux, le particulier québécois verra augmenter ses frais fixes. Toutes les économies dont le Québec devrait bénéficier en n'ayant qu'un seul niveau de gouvernement, seraient largement compensées par les pertes d'économie résultant du «rapatriement» des pouvoirs fédéraux et du gonflement étatique qui en découlerait. De plus, la création de nouveaux ministères et l'intégration de chaque fonctionnaire québécois fédéral dans la «nouvelle fonction publique québécoise» (telle que promise par le Parti québécois), entraîneraient une augmentation des coûts des services.

CONCLUSION

Ceux qui pensent que l'indépendance s'impose pour faire des économies, se trompent d'argument. Comme nous l'avons vu plus haut, le Québec a largement bénéficié de sa participation à la fédération canadienne, dans laquelle il a reçu plus que les 25 % représentant sa population et plus que d'autres provinces (comme l'Ontario). Il est d'autre part erroné de prétendre que l'indépendance éliminerait les chevauchements et les dédoublements. En effet, les économies réalisables sont très exagérées et l'absorption des deux paliers de gouvernement, loin de permettre des économies importantes, entraînerait probablement des coûts plus élevés.

Bien que les développements qui précèdent démontrent le mal fondé de ce mythe, nous sommes plus que jamais convaincus qu'une approche «comptable» à l'appartenance du Québec dans le Canada, est un labyrinthe sans issue. Car la complexité des données et le grand nombre de variables qui entrent en jeux dans les calculs, permettent des résultats divers.

Ainsi, pour simplifier le débat, nous conclurons en disant que, bien que le Québec bénéficie largement de son appartenance au Canada, les avantages, dépassent largement le simple calcul comptable. Les nombreux avantages réels sont parfois plus subtils et militent, eux aussi, en faveur du maintien du lien avec le Canada.

Il est donc absurde de vouloir se séparer pour faire des économies et pour éliminer les dédoublements ou les chevauchements. Si l'on poussait cet argument à l'extrême, il faudrait dire que les dix provinces devraient toutes se séparer pour réduire leurs coûts de fonctionnement. Et à leur tour, chaque région, dans chaque province, devrait faire la même chose. On finirait par recréer les manoirs de l'époque féodale, autosuffisants et ...pauvres.

Une analyse sérieuse, au contraire, nous porte à constater que chaque organisation (y compris les États-nations) a une taille optimale. Si le défi est de gouverner plus d'un milliard de Chinois, il faut peut-être segmenter le pays en plus petites unités. Mais dans un Canada qui a 29 millions d'habitants, le problème est inverse, et c'est pourquoi la mise en commun des efforts est importante pour réaliser des économies d'échelle.

Un Québec indépendant avec ses 7 millions d'habitants souffrirait de ne pouvoir réaliser d'économies d'échelle substantielles et serait beaucoup trop petit pour être efficace.

Mythe 4: Un Québec indépendant pourra se soustraire facilement à l'endettement canadien

Mise en contexte

En 1991, une étude soumise à la Commission Bélanger-Campeau avait proposé, en cas de séparation du Québec, que la part québécoise de la dette fédérale soit de l'ordre de 17 % à 19 %, comme nous le verrons plus loin (Bélanger-Campeau, 1991: 476-482). Cette affirmation a suscité de nombreuses controverses, puisque la part québécoise dans le PIB canadien est de 22,5 % et que la part de sa population est de 25 %. Jacques Parizeau est d'ailleurs même allé jusqu'à affirmer au printemps 1994, qu'en aucun cas un Québec indépendant ne serait dans l'obligation de payer les intérêts de cette dette. Ces débats insouciants, où l'on jongle avec les milliards, donnent l'impression à la population que la dette canadienne n'est pas celle du Québec et qu'un Québec indépendant pourrait, s'il le voulait, se soustraire à ses obligations financières.

Or, la question du partage de la dette est une réalité très importante, toujours douloureuse qui, dans le meilleur des cas peut se faire dans le calme, mais peut aussi donner lieu à des accrochages sérieux, voire des mésententes fondamentales. Dans le contexte dramatique d'une séparation du Québec, où le Canada tout entier aurait à absorber les effets dévastateurs et brutaux des chocs liés à un éclatement géographique, social, commercial et financier, il paraît peu probable que l'atmosphère des négociations soit détendue. L'exemple de l'acrimonie des discussions sur le partage de la dette, dans l'ex-Tchécoslovaquie (qui avait pourtant réalisé un divorce de «velours») et des incertitudes et déséquilibres économiques que cette période a connus, nous laisse penser que le Québec et le reste du Canada connaîtraient des soubresauts dont nous ne mesurons pas la portée.

Il y a deux grandes études sur les questions touchant à l'état des finances publiques d'un Québec indépendant ainsi qu'à la division de la dette fédérale qui en résulterait. Toutes deux datent de 1991: il s'agit de celle réalisée par le secrétariat de la Commission Bélanger-Campeau et celle du Conseil économique du Canada. Le Fraser Institute a lui aussi réalisé une étude sur le partage de la dette en septembre 1994, dont certains éléments de la méthodologie furent très controversés. Toutefois, nous utiliserons certains autres éléments tout à fait raisonnables (Richardson, 1994).

Mais avant de commencer, il nous apparaît indispensable de situer les enjeux de la division de la dette. C'est en comprenant les enjeux macro-économiques que le débat, entourant les différentes méthodes proposées, pourra être compris et apprécié. Nous commencerons donc par discuter des enjeux économiques de la division de la dette et de leur impact possible sur les finances publiques du Québec et du reste du Canada. Puis nous analyserons les conclusions du secrétariat de la Commission Bélanger-Campeau et les critiques qu'elles ont suscitées. Dans notre conclusion, nous essaierons de faire une synthèse de ces deux points de vue opposés.

LES ENJEUX ÉCONOMIQUES DE LA DIVISION DE LA DETTE

La division de la dette nationale est un dossier contentieux par nature, car ce que l'une des parties gagne, l'autre le perd

Quelle que soit la formule adoptée pour la division de la dette, un Québec indépendant se retrouverait avec une dette et un déficit absolu plus élevés qu'auparavant. Nous devons donc nous demander si, advenant l'indépendance, l'endettement *per capita* des Québécois ou des autres Canadiens serait plus élevé qu'à l'heure actuelle? En réalité, ce que l'une des parties gagnerait en obtenant un partage en sa faveur, l'autre partie le perdrait en ayant un fardeau d'endettement plus élevé (Economic Council of Canada, 1991:87). Comme nous allons le voir plus loin, il est probable que le Québec ne soit pas en position de force dans des négociations sur le partage de la dette, ce qui laisse présager que ce partage ne se fasse pas en sa faveur.

C'est pour cette raison que la division de la dette nationale est un dossier contentieux. Si à la suite du partage, le niveau d'endettement *per capita* de l'une des parties augmente, les paiements d'intérêt sur la dette publique représenteront un pourcentage plus élevé de ses dépenses publiques. La population devra donc supporter un déficit et un fardeau d'endettement supérieur.

La partie perdante dans la négociation devra avoir recours à l'impôt et à l'emprunt pour financer sa dette

Les gouvernements ont traditionnellement recours à quatre sources de revenus pour financer la dette: les impôts, les emprunts effectués par la vente des titres gouvernementaux, la vente d'actifs publics et la création de nouvelle monnaie par l'accroissement de la base monétaire. En cas de séparation du Québec, la partie lésée favoriserait les deux premières sources de revenus et se verrait dans l'obligation d'augmenter les impôts et les ventes de titres gouvernementaux, puisqu'il y a moins d'actifs à vendre depuis la vague de privatisations qui a débuté au Canada dans le milieu des années 80. La création de nouvelle monnaie comme moyen de financer les déficits serait une politique inflationniste très mal perçue dans les milieux financiers. L'augmentation des impôts des particuliers et des entreprises, pour financer les paiements d'intérêt sur la dette publique, diminuerait les dépenses en consommation des individus et augmenterait les coûts de production des entreprises, qui deviendraient moins compétitives et moins aptes à faire des investissements. Tout cela aurait pour effet de ralentir le taux de croissance économique.

La vente de titres gouvernementaux pour financer les déficits nouveaux augmenterait les taux d'intérêt et ralentirait aussi la croissance économique de la production nationale. Le gouvernement, souffrant d'un niveau d'endettement plus élevé après l'indépendance, serait obligé, pour financer son déficit, de hausser les taux d'intérêt pour attirer des capitaux en provenance d'investisseurs nationaux et étrangers.

L'augmentation du niveau d'endettement et la création d'une nouvelle entité politique augmenteraient la prime de risques et entraîneraient donc une hausse massive des taux d'intérêt

La prime de risques a trois volets: le risque politique, le risque lié au taux de change et le risque de défaut. Il est important de souligner que, quel que soit le niveau d'endettement du gouvernement du Québec après la souveraineté, ces primes de risques, (surtout le risque de défaut) seraient probablement plus élevées pour le Québec, car une nouvelle entité politique et une économie plus petite et moins diversifiée que le reste du Canada, seraient plus vulnérables à des chocs économiques conjoncturels.

1) Le risque de défaut

La mise en commun des risques interprovinciaux dans une fédération diminue le risque de défaut pour chacune des provinces. En effet, le gouvernement fédéral possède une plus grande assiette fiscale et donc une source de revenus plus fiable que les provinces prises séparément. Ceci explique pourquoi les titres du gouvernement fédéral bénéficient d'une côte de solvabilité triple A, car sa solvabilité, plus élevée que celle des provinces, lui permet d'emprunter à des taux d'intérêt moins élevés que les provinces. En transférant une partie de leurs risques au gouvernement fédéral, les provinces diminuent les paiements de service de leurs dettes. Cette économie d'échelle était l'une des principales raisons pour laquelle les quatre provinces originales se sont unies en 1867. Toute division de la dette fédérale entre le Québec et le reste du Canada rendrait le service de la dette totale plus difficile et augmenterait le risque de défaut de chacune des deux parties, qui s'appuieraient sur des assiettes fiscales plus petites et auraient donc des revenus moins fiables que les revenus fédéraux actuels (Economic Council of Canada,1991:88).

S'il y a des changements structurels, les marchés financiers évalueraient la solvabilité des nouveaux gouvernements à l'aide des quatre critères suivants: le niveau d'endettement par rapport au PIB, le fardeau fiscal, la perspective économique de chaque pays et l'existence de garanties de remboursement par un palier gouvernemental supérieur (Economic Council of Canada, 1991:86-88).

Les trois premiers critères sont reliés. Si l'une des parties avait un niveau d'endettement par rapport au PIB, proportionnellement plus élevé qu'actuellement, elle se verrait dans l'obligation d'augmenter le fardeau fiscal et sa perspective économique serait moins prometteuse. En bref, un partage défavorable de la dette augmenterait le risque de défaut de l'une des parties. En ce qui concerne le quatrième critère, le Québec serait le seul à être affecté, car le gouvernement fédéral ne serait plus le garant moral des dettes du Québec, ce qui réduirait la réputation de solvabilité du gouvernement du Québec dans les milieux financiers et augmenterait ses coûts d'emprunt.

2) Le risque politique

Le risque politique est lié à l'incertitude entourant l'impact potentiel des changements politiques sur les politiques fiscales, sur les rendements des investissements, sur les flux de capitaux et sur les politiques macro-économiques. Ainsi, en 1976, lors de l'élection du Parti québécois, il y avait une différence entre les titres québécois et ontariens d'environ 60 points de base au Canada et 100 points aux États-Unis. Cette différence a atteint son sommet pendant les neuf mois qui ont suivi l'élection, mais elle a graduellement diminué à 0 après une période de deux ans (Economic Council of Canada, 1991:86).

3) Le risque lié au taux de change

Les marchés financiers évalueraient aussi la possibilité de fluctuation de la valeur du dollar canadien, conséquence des nouvelles politiques monétaires des gouvernements qui émergent. Ils analyseraient la probabilité d'une rupture de l'union monétaire entre le Québec et le reste du Canada. Par conséquent, les investisseurs exigeraient des taux d'intérêt plus élevés sur les titres canadiens et québécois afin de compenser l'accroissement du risque attaché aux actifs en dollars canadiens.

La séparation du Québec entraînerait des coûts économiques importants, car une petite entité serait plus vulnérable aux chocs économiques

Ainsi, le reste du Canada et surtout le Québec lui-même devraient augmenter les taux d'intérêt. Ils seraient obligés d'adopter des politiques monétaires plus restrictives que celles en place actuellement et d'offrir des taux plus élevés. En outre, le gouvernement dont le niveau d'endettement augmenterait après la division de la dette, se verrait dans l'obligation d'offrir des taux d'intérêt supérieurs aux primes de risques exigées par les investisseurs.

La hausse des taux d'intérêt sur les titres gouvernementaux entraînerait un accroissement des taux d'intérêt réels, une réduction des dépenses privées d'investissement et de la production nationale. De plus, l'achat des titres gouvernementaux par les investisseurs étrangers augmenterait la demande sur le dollar canadien (ou nouveau dollar québécois), réduisant ainsi les exportations nettes du pays et la production nationale. Selon les estimations du Conseil économique du Canada, une augmentation de 100 points de base des taux d'intérêt réels entraînerait une perte permanente d'environ 1,5 % du PIB à long terme au Canada (Economic Council of Canada, 1991:85-86).

En cas de séparation, le Québec et le reste du Canada devraient assumer les coûts économiques très importants liés à l'accroissement des primes de risques qui seraient encore plus élevées pour le Québec. Les coûts économiques associés à la souveraineté seraient amplifiés si, après la division de la dette, le niveau d'endettement d'une des parties augmentait. La partie «gagnante» de la division de la dette ne serait pas nécessairement gagnante car, en appauvrissant dans le processus son principal partenaire d'échange, elle risque d'avoir des retombées négatives sur ses exportations et sa production nationale.

Examinons, maintenant, les différentes formules proposées pour le partage de la dette fédérale, par le secrétariat de la Commission Bélanger-Campeau et ses critiques.

LES DIFFÉRENTES FORMULES DE DIVISION DE LA DETTE

La formule proposée par le secrétariat de la Commission Bélanger-Campeau: le Québec indépendant serait en mesure d'assumer sa part de la dette, comme le font les petits pays européens

Le secrétariat de la Commission Bélanger-Campeau a proposé, en 1991, que le gouvernement d'un Québec indépendant soit prêt à assumer une part des passifs directement proportionnelle à la part des actifs dont il hériterait. Les actifs procurent des revenus et les passifs entraînent des coûts en terme de dépenses publiques. Les méthodes comptables utilisées par le secrétariat, pour diviser l'actif et le passif du gouvernement fédéral seraient, aux dires des experts internationaux consultés, compatibles avec l'état actuel du droit international.

Dans trois scénarios de partage des bilans, le secrétariat a fait un estimé de l'état des finances publiques du gouvernement du Québec, en tenant compte de ses revenus et dépenses enregistrés en 1990-1991. Il y a donc un scénario de base (A) et deux scénarios de rechange (B) et (C), qui sont des variantes du scénario de base. Ces derniers sont conçus pour pallier les incertitudes sur la juste valeur des actifs non financiers appartenant à l'administration publique fédérale, et sur la part québécoise de ces actifs.

Au 31 mars 1990, le passif fédéral se montait à 399 milliards $ et les actifs financiers à 41 milliards $. Il n'y avait cependant pas d'estimation récente sur la valeur marchande des actifs non financiers ou physiques (Economic Council of Canada, 1991:87).

Le secrétariat a constaté que le mode de calcul de l'évaluation des actifs non financiers changeait la part de la dette fédérale qui reviendrait au Québec, de plus ou moins 1,5 % par rapport au scénario de base qui évalue cette part à 18,5 %. Ainsi, dans les scénarios de rechange (B) et (C), la part du Québec est respectivement de 19,5 % et de 17,0 % (Bélanger-Campeau, 1991:476-482). Cette variation affecte les dépenses budgétaires, particulièrement celles reliées au service de la dette et au déficit budgétaire.

Examinons donc les chiffres du scénario A pour le déficit et le service de la dette. Le déficit du gouvernement du Québec augmenterait de 1,2 % à 5,8 % du PIB; tandis que le déficit du reste du Canada diminuerait de 4,5 % à 4,4 % de son PIB (voir Tableau 2). En pourcentage du PIB, le service de la dette du gouvernement du Québec augmenterait de 2,8 % à 7,2 %; tandis que le même pourcentage pour le reste du Canada augmenterait de 6,3 % à 6,8 % (voir Tableau 2).

La dette québécoise représenterait 56 % de son PIB (voir le graphique 1). Si l'on compare ce pourcentage à celui de pays européens comme l'Autriche et le Danemark ou à celui de la plupart des pays occidentaux, on constate que la proportion de la dette du Québec par rapport au PIB n'est pas excessive. Le reste du Canada, quant à lui, hériterait d'une dette de 65,6 % de son PIB. Le secrétariat a conclu, à partir de sa formule de division de la dette, qu'un Québec indépendant serait en mesure d'assumer sa part de la dette, comme le font d'autres petits pays européens.

Examinons maintenant les critiques qui ont été formulées aux conclusions du secrétariat.

Autres formules critiques: le Québec ne se trouverait pas dans une situation semblable à celle des petits pays européens et serait mal placé pour supporter un niveau d'endettement accru

Les critiques sont, à juste titre, en désaccord avec la méthode utilisée par le secrétariat et avec ses conclusions. Le Québec serait donc dans une situation différente de celle d'autres petits pays européens et il aurait des difficultés à supporter un niveau d'endettement accru.

1) Les règles de partages établies par la Commission Bélanger-Campeau sont critiquables

Bien qu'il soit nécessaire d'évaluer l'actif et le passif du gouvernement fédéral advenant la sécession du Québec, il n'y a toutefois pas de règles claires en droit international sur la méthode à employer pour diviser la dette dans une telle situation. Selon Thomas Courchêne, le reste du Canada n'accepterait jamais la méthode proposée par le secrétariat, car elle ne tient pas compte des transferts de revenus interprovinciaux par les paiements de péréquation, qui ont largement bénéficié au Québec dans les dernières décennies. M. Courchêne ajoute que la formule du secrétariat est erronée, car les déficits contribuent directement à la dette et non aux actifs. En effet, mis à part les actifs physiques, les déficits ont été employés pour financer la formation de la main-d'œuvre et la consommation, utilisations dont ne tiennent pas compte les calculs du secrétariat (Courchêne,1991:25-29).

2) Trois autres critères possibles pour la division de la dette

Le Conseil économique suggère trois critères qui permettraient de diviser la dette:

- Un critère démographique: la population du Québec étant environ de 25 % de celle du Canada, la division se ferait dans une proportion de 1/4 - 3/4. Chaque Canadien assumerait un fardeau égal.

- Un critère de solvabilité: la capacité de chaque province de payer évaluée à partir du PIB ou du revenu fédéral perçu.

- Un critère d'imputabilité: la proportion représentant la part de la dette contractée par le gouvernement fédéral pour le compte de chaque province au fil des ans.

Dans le Tableau 1, nous voyons comment il serait possible de diviser la dette selon ces trois critères: la part du Québec se situerait entre 21 % et 31 % avec une moyenne de 23,9 % En bref, selon le Conseil, le Québec devrait assumer une part de la dette qui se rapprocherait de la proportion de sa population et de son PIB, dans le Canada, soit entre 23 % et 25 %. Cette division entraînerait une augmentation du pourcentage que la dette québécoise représenterait par rapport à son PIB, bien au-dessus des 56,5 % prévus par le secrétariat. Malheureusement, le Conseil ne fournit pas de pourcentage précis (Conseil économique du Canada,1991:86).

Les adversaires de la formule Bélanger-Campeau admettent que le Québec serait économiquement viable, mais que la transition serait très longue et douloureuse. Selon eux, le Québec ne peut être comparé aux petits pays européens sur le plan démo-économique. Les Pays-Bas et la Suisse, par exemple, sont devenues des nations indépendantes avant la création de l'État-providence, lorsque leurs populations respectives étaient en croissance et contribuaient à leur essor économique. Certains estiment que le départ probable d'une partie des Québécois après l'indépendance, entraînerait une diminution de la population. L'assiette fiscale du gouvernement du Québec serait réduite. Il serait donc plus difficile de conserver les programmes sociaux actuels, au moment même où il faudrait faire face à un niveau d'endettement proportionnellement plus élevé.

Un Québec indépendant serait-il en mesure de financer sa part de la dette fédérale?

La part de la dette fédérale qui reviendrait au Québec serait d'environ 110 milliards de dollars, et il lui faudrait envisager le financement d'un déficit annuel de l'ordre de 15 milliards de dollars (un quart du déficit et de la dette fédérale actuels). Il serait très difficile pour le gouvernement du Québec de financer cet endettement pour trois raisons: le niveau d'endettement actuel du Québec est déjà très élevé; l'indépendance diminuerait l'assiette fiscale dont le gouvernement se sert en partie pour financer sa dette; et il lui serait très difficile, en termes techniques, d'élargir le marché des titres québécois. Regardons donc de plus près chacune de ces variables.

Il serait très difficile, pour un Québec indépendant, de supporter un endettement additionnel, car son niveau d'endettement net actuel (127,1 % du PIB) est déjà très élevé en comparaison avec le reste du Canada. L'endettement net d'un Québec indépendant passerait à 149,4 % du PIB (Richardson, 1994: 33).

Ce dernier serait obligé d'élargir le marché des titres québécois, pour financer sa part de la dette fédérale, car il serait coupé de la machine de financement d'Ottawa. Actuellement, le gouvernement fédéral est en mesure de financer sa dette et un déficit annuel de 40 milliards par l'entremise des marchés financiers qu'il a développés à cette fin au cours des dernières décennies. Pour élargir le marché des titres québécois, le gouvernement serait vraisemblablement obligé d'offrir des taux préférentiels afin d'attirer les investisseurs. On assisterait donc à une augmentation des taux d'intérêt, une diminution des investissements et une augmentation du chômage.

CONCLUSION

Il est probable que le Québec serait viable sur le plan économique à moyen et à long terme, après avoir décidé son indépendance, mais il ne serait pas aussi prospère. La division de la dette aggraverait l'état des finances publiques du Québec et du reste du Canada et entraînerait donc d'importants coûts économiques pour les deux parties: réputation de solvabilité réduite, taux d'intérêt élevés, dépenses en investissement réduites, fardeau fiscal plus lourd, exportations nettes réduites, etc. Ces coûts seraient probablement plus importants pour le Québec, sur lequel pèse un fardeau fiscal déjà très élevé et dont l'économie, plus petite et moins diversifiée que celle du reste du Canada, est plus vulnérable à des chocs conjoncturels et externes. Les pertes associées à l'indépendance seraient amplifiées, si le niveau d'endettement d'une des parties augmentait proportionnellement.

Le Québec sera obligé d'accepter une part de la dette fédérale d'environ 25 %, puisqu'il est plus dépendant du reste du Canada dans ses échanges commerciaux que le contraire, et puisque le reste du Canada n'accepterait probablement jamais la méthode de division de la dette suggérée par la Commission Bélanger-Campeau, qui fixe à 18,5 % la part revenant au Québec.

Dans un monde idéal, le Québec indépendant rêverait d'avoir un transfert graduel et ordonné de la dette fédérale au cours d'une certaine période donnée, afin de faciliter le financement de son déficit accru. Le gouvernement québécois voudrait prendre le temps nécessaire pour cultiver des marchés financiers élargis pour ses titres et ainsi diminuer les primes et réduire le risque de défaut du Québec.

Mais la division de la dette risque d'entraîner des problèmes épineux et difficiles. On ne peut imaginer un divorce «en velours» et sans heurts. Il ne faut pas oublier que le partage de la dette sera un jeu où ce que les uns gagnent, les autres le perdent. Si le Québec obtient une faible proportion de la dette fédérale, le reste du Canada devra en assumer la majeure partie; par conséquent, il serait illusoire de compter sur bonne volonté et générosité. On peut prévoir une négociation difficile et remplie d'amertume.

Le montant très élevé de l'endettement canadien, en grande partie détenu par des étrangers, complique considérablement la question du partage. Ceux qui pensent que le partage de la dette est une simple affaire comptable et qu'un Québec indépendant pourrait se soustraire facilement et sans douleur à l'endettement canadien, prennent leurs désirs pour des réalités.

TABLEAU 1
SCÉNARIOS DE RECHANGE — IMPACT DE LA VARIATION DE LA VALEUR DES ACTIFS NON-FINANCIERS SUR LE PARTAGE DES BILANS DE SUCCESSION D'ÉTATS

SCÉNARIO B

	Bilan de succession en 1989-1990	En %	Montant (millions $)	Impact sur les dépenses budgétaires 1990-91	
Actifs financiers	57 195	3,8*	2 169	Service de la dette:	
Actifs non financiers	un dollar	—	—	Dette non échue	6 347
Total de l'actif	57 195	3,8*	2 169	Autres passifs	152
Déficit accumulé	273 394	22,8	62 106		
TOTAL	**329 589**	**19,5***	**64 275**		**6 499**

SCÉNARIO C

Actifs financiers	57 195	3,8*	2 169	Service de la dette:	
Actifs non financiers	108 000	15,0-	16 200	Dette non échue	5 533
Total de l'actif	165 195	11,1*	18 369	Autres passifs	132
Déficit accumulé	164 394	22,8	37 482		
TOTAL	**329 589**	**17,0***	**55 851**		**5 665**

*Pourcentages déduits des montants.

TABLEAU 2
INDICATEURS FINANCIERS*
SELON LE SCÉNARIO DE BASE (A)

	QUÉBEC		CANADA		GOUVERNEMENT FÉDÉRAL	
	ACTUEL	SCÉNARIO (A)	ACTUEL	SCÉNARIO (A)	ACTUEL	SCÉNARIO (A)
Déficit (1)						
Millions $	-1 980	9 282	-37 323	-28 041	-30 500	-23 198
% PIB	1,3	5,8	5,5	5,4	4,5	4,4
Dette (2)						
% PIB	26,4	63,9	70,2	72,1	53,5	58,4
Service de la dette (3)						
% PIB	2,8	7,2	8,2	8,4	6,3	6,8
% des revenus budgétaires	13,2	22,5	22,7	23,6	35,6	37,2

Scénario A: le gouvernement fédéral et les neuf provinces.
(1) En 1990-1991.
(2) Dette au 31 mars 1990: dette non échue et comptes des pensions de retraite.
(3) Canada actuel: le gouvernement fédéral et les dix provinces.
Note: Il n'est pas pertinent de comparer les indicateurs financiers du Québec en situation de scénario de succession d'États avec ceux du gouvernement fédéral, soit à l'état actuel, soit en situation de scénario. Toute comparaison pertinente ne peut être établie qu'entre deux entités exerçant des compétences analogues.

Graphique 1:
Comparaison Québec-Canada
Ratio dette*/ PIB (%)

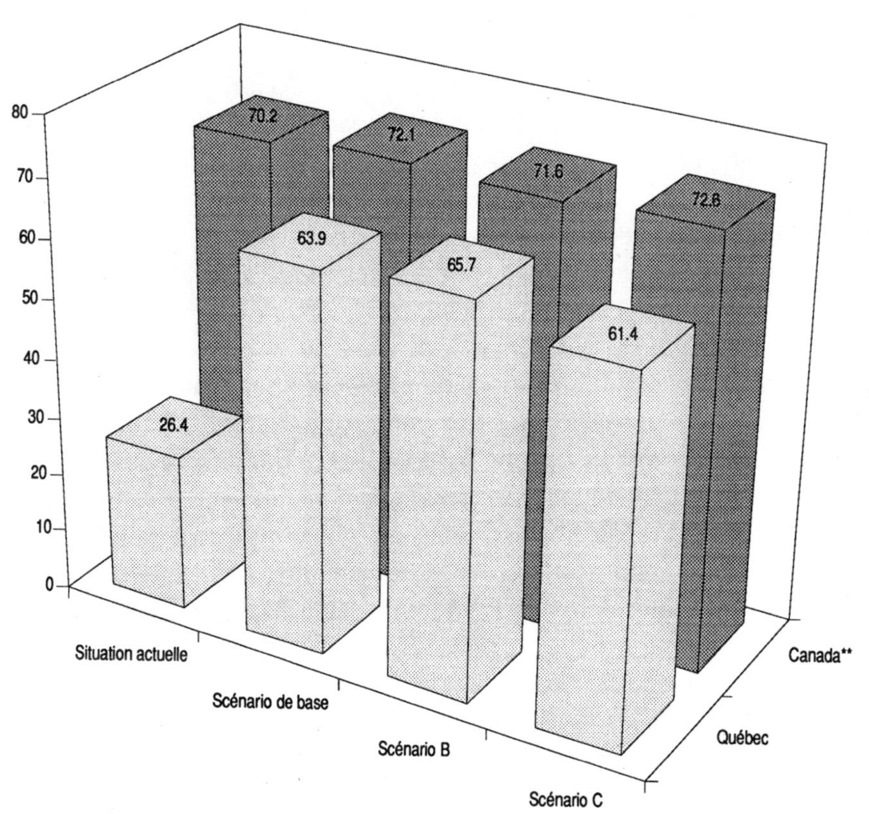

* Dette non échue et comptes des pensions de retraite

** Canada actuel: gouvernement fédéral et dix provinces; Canada scénario: gouvernement fédéral et neuf provinces.

MYTHE 5 : Après l'indépendance l'union économique Canada-Québec est «dans le sac»

Mise en Contexte

Le Parti québécois s'est toujours prononcé en faveur de l'union économique canadienne, bien que les gouvernements du Québec et des autres provinces créent des barrières commerciales, affaiblissant l'union économique. Qu'arriverait-il en cas d'indépendance du Québec? L'appartenance du Québec à l'union économique canadienne est-elle «dans le sac» comme le prétendent les indépendantistes? Pour répondre à cette question, il convient de se demander quel type de relations le gouvernement péquiste voudrait entretenir avec le reste du Canada après l'indépendance.

L'analyse du discours indépendantiste laisse entrevoir une confusion, voulue ou non, de l'objectif final à atteindre. En effet, il y a une différence entre une zone de libre-échange, un marché commun ou une union économique. Le degré d'intégration varie et les manières d'atteindre ces objectifs aussi.

Une zone de libre-échange est un territoire dans lequel plusieurs nations ou provinces éliminent toutes les barrières commerciales entre elles, tout en restant libres d'imposer des tarifs douaniers. Il y a donc deux catégories de barrières au libre-échange. La première englobe les législations directes et visibles, tels les tarifs douaniers ou les quotas d'importations. La seconde catégorie comprend les obstacles non tarifaires, plus subtils et beaucoup moins visibles. Ainsi, constitue une barrière commerciale non tarifaire, toute loi ou pratique qui favorise systématiquement les entreprises locales (politiques d'achat des gouvernements, dégrèvements d'impôts, subventions de recherche et développement); un règlement qui interdirait la commercialisation d'une bière dans un pays ou une province, aussi longtemps qu'une compagnie n'aurait pas d'usines de fabrication locale, serait, par exemple, une entrave au libre-échange, de nature non-tarifaire. Aujourd'hui, ces obstacles non tarifaires sont des armes protectionnistes beaucoup plus puissantes que les tarifs douaniers eux-mêmes. Une véritable zone de libre-échange ne peut exister sans l'élimination de ces entraves cachées.

Il y a un marché commun lorsque non seulement les produits, mais aussi les facteurs de production (ressources naturelles, travail, capitaux, technologies) traversent librement les frontières internationales et interprovinciales. Si l'on a besoin de passeport et de visa pour se déplacer, ou si les transferts de capitaux sont contrôlés, ce n'est pas un marché commun. De même que pour le libre-échange, il existe une multitude d'entraves cachées à la circulation des facteurs de production: les politiques linguistiques restrictives, les normes environnementales, les règlements concernant certaines professions. Entre 1986 et 1992, l'Europe occidentale a entrepris d'éliminer plus de 200 barrières cachées au déplacement des personnes et des capitaux, avant de passer à l'étape suivante, celle du Traité de Maastricht, visant une intégration encore plus poussée des pays européens.

Le libre-échange et le marché commun sont des modes «passifs» d'intégration économique dans lesquels aucune initiative commune n'est prise et qui visent essentiellement l'élimination des barrières existantes, visibles ou invisibles. A l'inverse, les approches plus «actives» tendent vers une intégration économique comprenant l'union douanière, l'union monétaire et l'union économique. Dans l'union douanière, on ajoute à la zone de libre-échange un tarif douanier commun envers des tiers. Dans l'union monétaire, les nations adoptent une monnaie commune ou maintiennent des parités fixes entre leurs monnaies respectives, appuyées par des politiques monétaires totalement harmonisées.

Une union économique intégrale entre pays exige une harmonisation douanière et monétaire, une coordination des politiques fiscales et même sociales et, dans la plupart des cas, une intégration politique de type fédéral ou du moins confédéral. En effet, l'absence de ces mécanismes de prises de décisions communes entraîne un déséquilibre: si toutes les grandes décisions étaient prises par un organisme supranational, les régions, sans représentations réelles, seraient politiquement marginalisées. Ainsi, un Québec indépendant qui serait lié par des décisions prises à Ottawa, sans avoir eu la possibilité d'y participer, se trouverait dans une dépendance intolérable. C'est pour éviter cette situation que les unions économiques sont, le plus souvent, accompagnées de mécanismes d'intégration politique.

A la lumière des déclarations de Jacques Parizeau et de Lucien Bouchard, il semble que les indépendantistes voudraient garder quelque chose qui se situe entre l'union économique intégrale et le marché commun. Mais, comme nous l'avons vu, il est peu souhaitable de garder une union économique sans union politique. L'indépendance du Québec mettrait fin à l'union économique intégrale qui serait remplacée, dans le meilleur des cas, par une zone de libre-échange ou un marché commun. Mais, comme nous allons le voir, en se séparant de l'union politique le Québec perdra beaucoup de son influence. Celle-ci, qui à l'heure actuelle est réelle, risque de devenir symbolique. Et même si cela peut sembler paradoxal pour certains, le renforcement de l'union économique actuelle est certainement le meilleur moyen pour le Québec de maintenir son influence et la position concurrentielle de ses entreprises.

Il convient donc de se demander, dans un premier temps, si l'union économique actuelle peut être améliorée. Nous regarderons par la suite si, advenant l'indépendance du Québec, une «réassociation» se ferait sans douleur. Puis nous examinerons l'impact sur le choix de la monnaie et les conséquences fiscales.

CONSÉQUENCES DE L'INDÉPENDANCE SUR L'UNION ÉCONOMIQUE QUÉBEC-CANADA

L'union économique Québec-Canada peut-elle être améliorée?

L'union économique entre le Québec et le Canada est loin d'être parfaite, mais il convient de mentionner que les provinces travaillent régulièrement à l'élimination des barrières commerciales. Ce travail est essentiel car, s'il n'existe aucune barrière tarifaire entre les provinces, il y a toutefois des centaines de politiques et de règlements provinciaux qui sont de véritables entraves au commerce. De plus, la libre circulation des personnes, condition essentielle d'un marché commun, est affaiblie par des barrières linguistiques et par des barrières professionnelles. La mobilité de la main-d'œuvre est donc plus faible au Canada qu'aux États-Unis, car les travailleurs ont de la difficulté, dans certaines professions, à déménager dans des régions où l'emploi est plus abondant.

Il faut aussi améliorer l'harmonisation des politiques fiscales (diversité des taxes), budgétaires et économiques: certaines provinces ont choisi, dans le passé, des budgets de relance pendant que d'autres choisissaient l'austérité. Ces politiques contradictoires envoient des signaux confus sur les marchés et découragent l'investissement. Un banquier européen avait récemment constaté que les aspects antinomiques des politiques macro-économiques des différents gouvernements canadiens et surtout des gouvernements fédéral, ontarien et québécois avaient des impacts négatifs. *«C'est un peu comme si un patient, arrivant à l'hôpital avec de grandes douleurs abdominales, se voyait recommander, par les médecins, des remèdes opposés,* disait-il. *C'est la meilleure manière de tuer le malade. En Europe au contraire, l'harmonisation des politiques fiscales est une condition préalable à l'union monétaire. Au Canada, vous avez une union monétaire avec une «orgie» de politiques fiscales contradictoires. Cette situation affaiblit inutilement votre économie».*

Heureusement, l'union économique canadienne est perfectible et l'on en trouve un signe encourageant dans le travail actif que les différents gouvernements font pour l'améliorer. L'affaiblissement de cette union économique, qui résulterait du désordre et de la cacophonie des politiques macroéconomiques engendrées par l'indépendance du Québec, n'est pas la solution à ce problème. Au contraire, il est très souhaitable de travailler à un renforcement de l'union économique canadienne par une harmonisation plus poussée entre les 11 gouvernements du Canada, afin de permettre au pays d'être plus concurrentiel au sein de l'ALENA et du GATT. L'exemple des pays européens est frappant: avec le Traité de Maastricht, ils s'engagent sur la voie d'un renforcement toujours plus grand de leur union économique, en acceptant de réduire leurs souverainetés nationales.

Il convient d'ailleurs de signaler que le maintien des échanges entre le Québec et le reste du Canada est très important pour le Québec, qui a beaucoup à perdre d'une désintégration de l'espace économique canadien. Actuellement, le Québec est une des provinces qui dépend le plus du marché canadien. En 1989, 54,2 % des exportations totales du Québec étaient destinées au Canada, alors qu'en Ontario ces exportations représentaient 44,8 %. Le Québec, le Manitoba et l'Ile du Prince-Édouard sont les seules provinces canadiennes pour lesquelles le marché canadien est plus important que le marché international, dans leurs échanges économiques (Statistique Canada, 1993: 3,6).

La position du Parti québécois et du Bloc québécois, qui se disent favorables au maintien de l'espace économique canadien et surtout de l'espace commercial Québec-Ontario, est pour le moins paradoxale. Car en se séparant, le Québec mettrait fin à l'union politique canadienne et se priverait des mécanismes fédéraux d'harmonisation et de stabilisation, essentiels au maintien de l'efficacité de cet espace économique. Cela affaiblirait, de plus, son influence au sein d'une future «réassociation».

Comme nous l'avons déjà indiqué, les unions économiques et politiques vont d'habitude de pair. Une union politique se fait avec un État central ou fédéral, qui a ses propres compétences, afin de faciliter la formulation de politiques communes. Ainsi, dans le Traité de Maastricht, l'Union européenne a prévu la création d'institutions communautaires permettant d'une part, de coordonner et de mieux standardiser les politiques socio-économiques des États-membres, et d'autre part, de créer une intégration économique et monétaire démocratique plus efficace (ex.: la création d'une banque centrale européenne, le renforcement des pouvoirs du Parlement européen et la création d'un sénat européen, la création d'un système de transferts régionaux, la coordination de politiques fiscales et monétaires, etc.).

Il est essentiel, pour une bonne intégration économique, que le gouvernement fédéral puisse créer, grâce à ses compétences constitutionnelles et à la coopération intergouvernementale entre les deux paliers de gouvernement, des normes nationales par une harmonisation pan-nationale. Au Canada, on améliore donc la mobilité et l'utilisation efficace des facteurs de production par une standardisation des normes financières, de l'assurance-chômage et par des ententes fédérales-provinciales dans les domaines de la fiscalité, de la santé, du bien-être social et des pensions...

En se séparant, le Québec ne pourrait donc plus appartenir à l'union économique canadienne telle qu'elle est actuellement, car il se priverait de tous les mécanismes essentiels à son maintien. Mais pourrait-il renégocier une union économique de genre européen, avec la création d'institutions supranationales? Serait-il vraiment un partenaire incontournable pour le reste du Canada, rendant inévitable cette «réassociation» économique, comme le prétendent le Parti québécois et le Bloc québécois? Pourrait-il se réassocier sans douleur?

Une «réassociation» ne se ferait pas automatiquement et sans douleur

Quand on connaît le pouvoir d'attraction commerciale des États-Unis sur le reste du Canada (RDC) et sur le Québec, on peut douter qu'il soit dans l'intérêt objectif du RDC de se «réassocier» économiquement avec le Québec après l'indépendance. De plus, il n'est pas certain que le RDC et le Québec soient en mesure de négocier une entente à l'amiable. On ne peut sous-estimer la méfiance et la colère qu'un vote pour l'indépendance au Québec engendrerait dans le RDC. Les autres Canadiens sont, comme de nombreux Québécois, très fiers de leur pays et ils verraient d'un mauvais œil un acte quelconque qui mettrait en péril sa survie.

Il est probable que les autres provinces acceptent les résultats d'un choix démocratique au Québec. Mais cela ne les empêchera pas de penser que l'indépendance est un acte destructeur, venant d'une province qui a beaucoup profité de la fédération actuelle. Et c'est dans un climat de «divorce» que se négocieraient les relations futures du Canada et du Québec. Cette atmosphère serait peu propice à la création d'un climat de confiance nécessaire à la négociation d'une «réassociation», semblable à l'union économique et monétaire actuelle. Les négociateurs du reste du Canada seraient probablement soumis à de fortes pressions politiques, afin qu'ils ne cèdent pas aux demandes d'un Québec qui chercherait à être un partenaire à part égale dans des institutions communes créées après l'indépendance.

Ainsi, à l'opposé de l'intégration européenne, où les négociations se font plutôt dans un esprit doublement gagnant («win-win»: toutes les parties sont sur un pied d'égalité), la renégociation de l'union économique entre un Québec indépendant et le RDC se ferait dans un contexte tendu, où prédominerait un état d'esprit «gagnant-perdant». Dans ce contexte, le Québec pourrait s'attendre à perdre son accès privilégié à divers secteurs du marché canadien et à ce que soient remises en question certaines politiques commerciales canadiennes dans différents secteurs qui lui sont favorables. On peut se demander, par exemple, pourquoi le RDC accorderait aux fermiers québécois 60 % du marché laitier canadien ou accepterait les subventions données aux manufacturiers québécois du textile et des meubles? Ces politiques, fondées sur des relations de confiance dans lesquelles chacun trouve son compte, perdraient leur raison d'être.

Par ailleurs, l'orientation interventionniste du gouvernement québécois actuel conduirait à la création de nouvelles barrières non tarifaires entre le Québec et le RDC, fragmentant ainsi l'espace économique canadien et entraînant une perte des surplus économiques associés à l'intégration politique et économique de l'espace canadien. En effet, dans son programme de 1993, le Parti québécois proposait toute une gamme de politiques visant à protéger et à promouvoir les entreprises québécoises. Si ces politiques étaient mises en application, on pourrait probablement s'attendre à des représailles de la part du reste du Canada, qui rendraient l'élimination des barrières non tarifaires existantes très difficile.

En analysant ce qui s'est passé dans d'autres pays étrangers qui se sont divisés, on constate qu'entre les parties, les relations sont teintées de méfiance et d'amertume. Nous avons vu dans la première partie les difficultés vécues par la république tchèque et la Slovaquie, lors de la sécession de l'ex-Tchécoslovaquie. De même, lorsqu'en 1965 le Singapour s'est retiré de la fédération de Malaisie, les deux anciens partenaires furent incapables de négocier une union monétaire. Pourtant, avant d'entreprendre des pourparlers, les deux gouvernements avaient reconnu l'importance de garder une union monétaire afin de réduire l'incertitude économique et de promouvoir les échanges. Mais les négociations, qui se sont déroulées dans un climat de méfiance, ont échoué et les deux pays n'ont jamais réussi à s'entendre sur la part de leur représentation respective dans une banque centrale. Alors que le Singapour revendiquait un rôle substantiel au sein de la banque, la fédération de Malaisie n'était prête qu'à lui octroyer un rôle formel. En outre, craignant que les politiques militaires ambitieuses de la Malaisie ne créent des pressions inflationnistes sur l'union monétaire, le Singapour ne put trouver le moyen de coordonner ses politiques économiques dans une union monétaire (Royal Bank of Canada, 1992: 37-38).

On constate par ailleurs que les unions entre deux partenaires de tailles différentes ont tendance à être instables, puisque le partenaire le plus grand peut s'imposer au plus petit, tandis que ce dernier se sent menacé et a peur d'être perdant en cas de désaccord.

LES CONSÉQUENCES MONÉTAIRES DE L'INDÉPENDANCE.

Après l'indépendance du Québec: quelle monnaie et quelle indépendance en ce qui concerne les politiques monétaires?

Dans un monde de plus en plus interdépendant, les décisions financières ne sont pas exclusivement prises au niveau des pays et de leurs gouvernements. Avec l'avènement de l'informatique, mille milliards de dollars changent tous les jours de main dans le monde. Mais si les transferts d'argent n'ont pas de frontières, les investisseurs, eux, continuent à se préoccuper de la stabilité économique, financière et politique des pays dans lesquels ils investissent et, en cas de doute, ils peuvent retirer leur argent à tout moment.

Si la rupture de la fédération canadienne devait entraîner la fin de l'union monétaire, on assisterait probablement à un mouvement de retrait de la part des investisseurs étrangers. Le gouvernement péquiste le sait, puisque dans son programme électoral de 1993, il préconise, advenant l'indépendance: *«le maintien du statu quo... en ce qui touche la Banque du Canada, la monnaie et tout autre organisme ayant un poids important dans la stabilité monétaire sur le territoire Québec-Canada»* (Parti québécois, 1994:62). De même, dans le projet de Loi sur la souveraineté du Québec (décembre 1994), le gouvernement du Parti québécois prévoit l'utilisation du dollar canadien.

Mais le débat reste encore ouvert et le discours indépendantiste a été, jusqu'à présent, assez confus. Lucien Bouchard et Jacques Parizeau ont, à diverses époques, proposé tour à tour pour un Québec indépendant, le choix d'un dollar canadien, d'un dollar américain ou la création d'un dollar québécois.

Les équilibres monétaires sont fragiles et l'exemple de la Slovaquie, qui a dû mettre fin à son union monétaire avec la république tchèque six semaines après la dissolution de la Tchécoslovaquie, nous permet de mieux comprendre les interactions qui sont en jeu.

Nous nous demanderons donc quel est ce *statu quo* monétaire visé par le PQ et quelle serait sa marge de manœuvre s'il choisissait un dollar canadien ou d'autres monnaies?

Le contexte actuel: comme membre à part entière de l'union monétaire canadienne, le Québec augmente son influence

Le système financier québécois est intégré au système financier canadien, considéré comme l'un des plus efficaces au monde. Le Québec vit dans une union politique qui permet aux divers gouvernements de formuler des politiques communes, économiques et monétaires, et d'harmoniser les normes législatives et réglementaires. Cette harmonisation canadienne est très importante pour le Québec, car elle facilite la mobilité des capitaux, des facteurs de production, des services et des biens, avec le reste du Canada, qui est son principal partenaire commercial, et améliore ainsi le niveau de vie de la population.

Bien qu'il n'y ait aucun chiffre sur les avantages d'une monnaie commune au Canada, nous pouvons tirer quelques conclusions de l'expérience européenne. La Commission européenne précise qu'il y a un lien direct entre une union monétaire et le niveau de vie de la population. Elle prévoit que lorsque l'union monétaire européenne sera réalisée, les revenus des Européens augmenteront d'environ 5 % à 10 % (European Economy, 1990: 75,83).

Au Canada, l'union politique canadienne permet au Québec d'avoir une voix importante dans l'élaboration des politiques monétaires. C'est la Banque du Canada, de concert avec le gouvernement canadien, qui établit la politique monétaire du pays. À titre de membre de la fédération canadienne, le Québec influence la politique monétaire par le système politique: lorsque le ministre des Finances formule, avec le gouverneur de la Banque du Canada, les orientations des politiques macro-économiques, il adopte une perspective nationale, qui inclut les intérêts de chaque province, y compris ceux du Québec. Il convient de noter que le vice-gouverneur de la Banque du Canada est québécois.

L'influence du Québec sur l'élaboration des politiques monétaires est nécessaire pour qu'il puisse décider de ses propres politiques économiques (création d'emploi, favoriser l'épargne ou au contraire la consommation, etc.). Sans pouvoir influencer les politiques monétaires, un pays perd le contrôle de ses politiques économiques.

Ainsi, l'union monétaire actuelle permet au Québec de pleinement bénéficier de l'ouverture commerciale sur le reste du Canada, d'influencer l'élaboration des politiques monétaires et par conséquent d'avoir un meilleur contrôle sur l'orientation qu'il veut donner à ses propres politiques économiques.

Si le Québec se sépare, le choix de la monnaie, ainsi que la possibilité d'influencer le choix des politiques monétaires, seront des enjeux de taille qui conditionneront la «souveraineté» du nouvel État québécois sur l'élaboration de ses propres politiques. Il est donc important d'analyser les conséquences monétaires de l'indépendance.

L'indépendance du Québec diminuerait la valeur du dollar canadien

Les marchés financiers sont par nature apatrides et mobiles: les investisseurs, continuellement à la recherche du meilleur rendement, peuvent décider de vendre ou d'acheter instantanément des actifs internationaux et des monnaies. L'indépendance, qui augmenterait les risques accrus associés aux actifs canadiens, entraînerait une baisse de la valeur du dollar canadien. En effet, face au risque de fragmentation possible de la zone monétaire canadienne, de défaut accru des deux gouvernements et d'instabilité politique, les investisseurs internationaux procéderaient à une vente substantielle de leurs actifs canadiens.

Quels autres changements apportera l'indépendance du Québec? Tout dépendra du scénario monétaire qui prévaudra. Nous distinguons sept possibilités distinctes.

Scénario monétaire 1: le Québec utilise la monnaie canadienne avec l'autorisation du Canada, mais il perd son influence

Ce scénario est un prolongement du *statu quo.* Toutefois, on notera un changement dans l'influence que le Québec pourra exercer sur la politique monétaire de la Banque du Canada. On a vu que cette influence est aujourd'hui réelle, et plusieurs politicologues affirment que le Québec exerce, dans les décisions fédérales, une influence supérieure à 25 % (pourcentage qui représente son poids démographique dans le Canada). On situe le poids politique du Québec entre 33 et 50 %, selon les domaines. Le Québec conserve un veto effectif sur certaines politiques, par sa situation «distincte» au sein du Canada. Si le Québec devient indépendant, cette situation n'existera plus. Au mieux, le poids effectif du Québec dans une future «réassociation» avec le Canada ne dépassera pas son poids démographique (25 %). On peut même prévoir que son influence se situera très probablement en deçà de ce seuil.

Ainsi, le scénario du *statu quo* monétaire sans union politique proposé par le gouvernement québécois actuel, entraînera une perte d'influence du Québec dans ses rapports avec le reste du Canada.

Scénario monétaire 2: le Québec utilise la monnaie canadienne sans l'autorisation du Canada au prix d'importants sacrifices économiques

Le Québec pourrait à la rigueur décider d'utiliser la monnaie canadienne sans demander l'autorisation du Canada. Le Canada ne pourrait, contrairement à ce que l'on pense, interdire cette utilisation, tout comme les États-Unis ne peuvent pas interdire aux Barbades d'utiliser, comme devise locale, le dollar américain. Le Québec pourrait, en poussant le raisonnement à l'absurde, choisir le franc français, le mark allemand ou le yen japonais. Les pays en question seraient certainement très flattés d'avoir été ainsi choisis. Mais si le Québec choisissait le mark allemand, comment se procurerait-il cette devise? De même, s'il choisissait la devise française, américaine ou japonaise d'où viendraient les liquidités? Seuls d'importants surplus d'exportation avec le pays dont la monnaie a été choisie pourraient permettre d'accumuler les devises de ce dernier.

On peut appliquer le même raisonnement à la devise canadienne. Aujourd'hui, le Québec peut obtenir des dollars canadiens par l'émission de monnaie de la Banque du Canada ainsi que par ses exportations vers le reste du Canada. Si le Canada refuse toute union monétaire avec le Québec indépendant, ce dernier ne pourra obtenir de dollars canadiens que par l'exportation vers le Canada ou en provoquant une entrée massive et continue de capitaux financiers. On notera que les flux financiers sont aujourd'hui beaucoup plus importants que les flux commerciaux. Pour obtenir des liquidités permanentes dans une monnaie étrangère, le Québec devra donc être supercompétitif (vendre plus qu'il n'achètera), ou attirer des capitaux financiers par des politiques appropriées.

Le maintien, avec le Canada, d'importants et permanents surplus commerciaux suffisants pour financer les besoins de liquidité du Québec n'est pas une entreprise réaliste, à moins que le nouvel État québécois accepte une baisse importante des prix et des salaires. De même, la possibilité pour un

Québec indépendant d'attirer des capitaux externes, d'une façon permanente, est également improbable.

Sans cela, l'utilisation du dollar canadien sans l'autorisation du reste du Canada, apparaît comme une solution faisable à très court terme et irréalisable à moyen et long terme.

Scénario monétaire 3: le Québec utilise la monnaie américaine avec l'autorisation des États-Unis au prix d'importants sacrifices économiques et de la perte de sa «souveraineté»

Si les États-Unis acceptent d'inclure le Québec dans leur zone monétaire, le Québec pourra utiliser le dollar américain, mais le prix sera élevé. Il faudra, tout d'abord, effectuer une conversion de tous les avoirs québécois en devise américaine à un taux assez bas (certainement pas à un pour un). Le Québec devra, ensuite, abandonner toute ambition d'indépendance monétaire et accepter la tutelle permanente de la Federal Reserve, qui déterminera la quantité de monnaie et les taux d'intérêt pour tout le territoire, y compris le Québec. Le Québec cédera intégralement sa souveraineté aux Américains dans ce domaine.

Scénario monétaire 4: le Québec utilise la monnaie américaine sans l'autorisation des États-Unis

Nous pouvons dans ce cas appliquer l'analyse faite plus haut dans le scénario monétaire 2. Le Québec devra obtenir ces dollars américains par des surplus commerciaux. Cette situation est réaliste pour un pays comme les Bahamas, dont la principale exportation est le tourisme et qui de ce fait a des surplus commerciaux qui lui permettent de faire le choix du dollar américain. Mais pour le Québec ce serait impensable, car il serait rapidement à court des liquidités nécessaires.

Par conséquent, ce scénario est exclu pour les mêmes raisons que le scénario 2.

Scénario monétaire 5: le Québec utilise une monnaie québécoise en parité fixe avec la monnaie canadienne, mais il deviendra plus dépendant que jamais

Ce scénario est le même que le scénario 1. Le Québec crée une monnaie locale qu'on appellera peut-être le dollar québécois. Ce dollar québécois sera en parité fixe avec le dollar canadien. Pour maintenir cette parité, le Québec devra aligner sa politique monétaire sur celle de la Banque du Canada et adopter les mêmes taux d'intérêt.

Là encore, le Québec sacrifiera sa souveraineté et se trouvera plus dépendant qu'il ne l'est aujourd'hui.

Scénario monétaire 6: le Québec utilise une monnaie québécoise en parité fixe avec la monnaie américaine et il perd toute «souveraineté»

Ce scénario est semblable au scénario 4. La «piastre» québécoise s'alignera sur le dollar américain et la Banque du Québec imitera à la lettre les politiques de la Federal Reserve pour pouvoir maintenir la parité fixe. En réalité, tout se passera comme si le Québec utilisait un dollar américain dont l'apparence était différente. On verra un portrait de René Lévesque imprimé sur la devise québécoise, au lieu de celui de Lincoln, mais il s'agira, en fait, de la même monnaie. Il est à noter que le maintien de parités fixes entre deux monnaies sans la collaboration active des deux banques centrales est une entreprise difficile.

Mais, même en cas de réussite, cela signifierait une perte de «souveraineté» car la Banque du Québec devra s'aligner sur la Federal Reserve et non le contraire.

Scénario monétaire 7: le Québec utilise une monnaie québécoise flottante au prix d'une récession économique

Dans le dernier scénario, le Québec crée une monnaie québécoise indépendante et la Banque du Québec décide de sa propre politique monétaire. Il s'agit du seul scénario digne de l'adjectif «souverainiste», mais il est aussi le plus dangereux pour l'économie québécoise, puisqu'il entraînerait une augmentation des taux d'intérêt sur les titres gouvernementaux et sur les taux réels et par conséquent une diminution des dépenses privées d'investissement.

Il faudra s'attendre, en premier lieu, à une hausse probable des taux d'intérêt. Après l'indépendance, les investisseurs incorporeraient une prime de risque plus élevée sur les fonds prêtés et exigeraient, du gouvernement québécois et des entreprises faisant affaire au Québec, des taux d'intérêt plus élevés. Comme nous l'avons vu plus haut (mythe 4), il y a trois types de risques dont les marchés financiers tiendraient compte dans l'achat de titres québécois après l'indépendance: le risque politique, le risque lié au taux de change et le risque de défaut.

En deuxième lieu, la cote de solvabilité d'un Québec indépendant risque de diminuer: les perspectives économiques seraient moins favorables pour le Québec, qui ne recevrait plus de transferts fédéraux et dont les recettes dépendraient entièrement de l'économie québécoise, moins diversifiée et plus petite que l'économie canadienne et par conséquent, plus vulnérable aux chocs économiques extérieurs. Les recettes du gouvernement québécois seraient donc moins stables dans un Québec indépendant qu'à l'intérieur du régime fédéral.

De plus, la solvabilité des titres québécois serait moins assurée, car elle ne serait plus garantie par le gouvernement fédéral: la mise en commun des risques interprovinciaux dans le gouvernement fédéral diminue le risque de défaut pour les différentes provinces, puisque ce dernier possède une plus grande assiette fiscale et donc une source de revenus plus fiable que les provinces prises séparément. De ce fait, les provinces peuvent emprunter à un moindre taux. Ainsi, en transférant une partie de leurs risques au gouvernement fédéral, les provinces diminuent les paiements du service de leurs dettes. C'était d'ailleurs une des principales raisons qui ont poussé les provinces originales à s'unir ensemble en 1867.

Comme nous l'avons vu plus haut, dans un Québec indépendant le service de la dette totale sera plus difficile et le risque de défaut des deux parties sera accru par la division de la dette fédérale entre le Québec et le reste du Canada. En effet les revenus du RDC et du Québec, qui s'appuieraient sur des assiettes fiscales réduites, seraient moins fiables que les revenus fédéraux actuels.

On peut donc conclure que le risque politique, lié au risque sur le taux de change et au risque de défaut, obligerait le gouvernement québécois à augmenter les taux d'intérêt sur les titres gouvernementaux. On assisterait donc à une augmentation des taux d'intérêt réels, une réduction des dépenses privées d'investissement et de la production nationale. Selon les estimations du Conseil économique du Canada, une augmentation de 100 points de base des taux d'intérêt réels entraînerait une perte permanente d'environ 1,5 % du PIB à long terme, du marché commun canadien (Economic Council of Canada,1991:85-86).

LES QUESTIONS FISCALES

Après l'indépendance du Québec: augmentation probable des coûts des services gouvernementaux et des impôts

Le coût des services gouvernementaux augmenterait après l'indépendance, entraînant une augmentation du fardeau fiscal des Québécois.

Comme nous l'avons vu au mythe 3, le coût des services gouvernementaux augmenterait, puisque le Québec indépendant perdrait tous les avantages reliés à sa participation au système fédéral: les économies d'échelle reliées à la production de certains biens et services au niveau fédéral, le système de péréquation et l'existence d'un gouvernement fédéral, qui permet à toutes les provinces de mettre en commun les risques.

La production de certains biens et services au niveau fédéral permet des économies d'échelle (les ambassades, la défense nationale, les aéroports, le courrier, la monnaie, les satellites, les chemins de fer, etc.) et le partage des frais généraux de certains services, qui réduisent ainsi les coûts de certains biens et services pour les particuliers. De plus, le système de péréquation fédéral, dont le Québec est un bénéficiaire net, permet aux provinces «démunies» (les Provinces maritimes, le Manitoba, la Saskatchewan et le Québec) de maintenir la même qualité de services de base que les provinces «nanties» (la Colombie-Britannique, l'Alberta, et l'Ontario).

Par ailleurs, l'existence d'un gouvernement fédéral qui a sa propre assiette fiscale, et qui est responsable de la production de plusieurs biens et services du secteur public à travers le Canada, permet à toutes les provinces de réduire les paiements d'intérêt sur leurs dettes. En se séparant, le Québec perdrait donc l'avantage des économies d'échelle et les avantages du système de péréquation fédéral.

Cette situation augmenterait les coûts des services gouvernementaux au Québec et le gouvernement québécois serait obligé de choisir entre emprunter davantage et augmenter sa dette, couper ses dépenses et diminuer la qualité de ses services, ou augmenter les impôts afin de garder la même qualité de services.

Les impôts augmenteraient après l'indépendance

Il est fort probable que les impôts augmentent dans un Québec indépendant, car son assiette fiscale diminuerait au même moment où il serait obligé d'absorber un niveau d'endettement additionnel. L'indépendance et l'incertitude qui en découlerait, entraîneraient probablement le départ d'une partie importante de l'assiette fiscale québécoise, que ce soit des individus ou des compagnies, comme les entreprises pan-canadiennes ayant leurs sièges sociaux à Montréal (Air Canada, CN, CP, etc.). Les immigrants, qui seraient moins attirés par le Québec, seraient tentés de s'installer dans la partie anglophone de l'Amérique du Nord. Durant la période pré-référendaire, de 1979 à 1981, le Québec a enregistré une perte nette de 391 entreprises de toutes tailles. Il est intéressant de noter qu'après le référendum, en 1981, le nombre des entreprises qui s'installaient augmentait, tandis que les départs diminuaient. De plus, l'émigration nette, internationale et provinciale du Québec, a atteint son sommet durant le premier mandat du Parti québécois de 1976 à 1981. Depuis 1981, l'émigration nette a fortement ralenti et s'est même renversée de 1986-1989 (Raynauld, 1990: 26 -27).

Par ailleurs, comme nous l'avons vu dans le mythe 4, après la division de la dette, le gouvernement québécois se trouverait avec un endettement additionnel à financer. Coupé de la machine de financement d'Ottawa, le Québec serait obligé, dans le but d'élargir le marché des titres québécois, de financer sa nouvelle dette en offrant des taux d'intérêt préférentiels, en coupant les dépenses et en augmentant les impôts. Puisque l'assiette fiscale serait réduite après l'indépendance, les impôts augmenteraient pour les particuliers et compagnies qui resteraient au Québec, afin de financer la dette québécoise et maintenir la qualité des services gouvernementaux.

CONCLUSION: RIEN N'EST «DANS LE SAC»... EN CAS D'INDÉPENDANCE, TOUT EST À REVOIR

Après l'indépendance du Québec, tout est à revoir: l'union économique ou monétaire, la fiscalité, le marché commun ou même la zone de libre-échange entre le Québec et le Canada. Dans la plupart des cas, le Québec devra recommencer à zéro des négociations dans des conditions assez défavorables, car avec 25 % de la population canadienne, il a plus besoin du reste du Canada que le contraire. La renégociation d'un accord commercial Canada-Québec, aux mêmes termes et conditions qu'avant la séparation du Québec, est encore plus improbable depuis l'entrée en vigueur de l'ALENA, qui crée un courant vers le Mexique et les États-Unis.

Car s'il est possible que le Québec puisse négocier une «réassociation» avec le reste du Canada, il ne pourra le faire à son avantage. La participation du Québec à l'union politique canadienne lui permet d'obtenir plus que son poids démographique et sa participation au PIB canadien. S'il négocie de l'extérieur de cette union, il obtiendra beaucoup moins qu'à présent et perdra son influence dans tous les secteurs de l'union économique. Au mieux, l'espace économique Canada-

Québec après le «divorce» ressemblera à une zone de libre-échange partielle, sans barrières tarifaires visibles mais avec beaucoup de barrières cachées. Les relations économiques entre le Québec et le Canada après l'indépendance ne seront donc pas plus intégrées que les relations du Québec avec les États-Unis au sein de l'ALENA.

Le Québec, qui connaîtra une perte d'influence dans une éventuelle «réassociation» économique avec le Canada, deviendra, en outre, beaucoup plus dépendant du Canada ou des États-Unis. En effet, quel que soit le scénario monétaire choisi, il devra accepter une perte substantielle de «souveraineté». Le maintien et le renforcement de l'union économique canadienne sont certainement le meilleur moyen pour le Québec de maintenir son influence et la position concurrentielle de ses entreprises. C'est seulement de cette manière que le Québec peut vraiment espérer être «souverain» et améliorer ou maintenir l'actuel niveau de vie des Québécois.

MYTHE 6 : L'adhésion du Québec à l'ALÉNA se fera sans difficulté

Mise en contexte

Le Parti québécois et le Bloc québécois nous disent que le Québec pourrait, sans difficulté, rester membre à part entière dans l'ALE et l'ALENA. Il est en effet très important de rassurer la population et les gens d'affaires en laissant croire que, si le Québec choisissait d'être indépendant, tout continuerait comme avant et que sa place serait intacte, dans ces grands traités de libre-échange et dans l'union économique canadienne.

Mais plus important encore, en démontrant que cette adhésion est automatique, les indépendantistes cherchent à prouver que le Québec restera ouvert sur le monde, quoi qu'il arrive. L'adhésion du nouvel État québécois à l'ALE et à l'ALENA serait la meilleure réponse que les indépendantistes pourraient donner aux détracteurs de l'indépendance, qui affirment que ce projet entraînerait un repliement du Québec sur lui-même. Traditionnellement, le Parti québécois s'est d'ailleurs toujours montré un fervent supporter du libre-échange et le gouvernement de Jacques Parizeau affirme que puisque le Chili doit se joindre à l'ALENA, le Québec ne pourra pas être exclu.

Or, s'il est probable, comme nous allons le voir, que le Québec réintègre l'ALE et l'ALENA, ceci ne sera cependant pas automatique. Tout devra être renégocié, par un Québec dont le pouvoir de négociation sera affaibli et qui risquera ainsi de perdre des acquis fondamentaux, pour la survie de sa culture et de certaines industries.

Un Québec indépendant ne pourrait adhérer automatiquement à l'ALE et l'ALENA et serait obligé de renégocier ces traités

L'adhésion d'un Québec indépendant à l'ALE et l'ALENA ne se ferait pas sans problèmes, car ces traités ne s'appliqueront pas automatiquement au Québec. L'ALE est un traité signé en 1987, entre deux États souverains ayant des territoires bien définis, les États-Unis et le Canada. L'ALENA a été signé en 1994 et implique pour le moment trois pays, le Canada, les États-Unis et le Mexique. Tout indique que cette zone de libre-échange sera étendue dans l'avenir pour inclure d'autres pays d'Amérique Latine.

Mais la fragmentation du Canada invaliderait l'entente vis-à-vis du Québec et peut-être même à l'égard du Canada, quoique, comme nous allons le voir, ce soit improbable. En effet, un Québec indépendant ne serait pas lié par les accords internationaux multilatéraux qui lient le Canada. Il pourrait toutefois demander à adhérer au traité avec le consentement des parties, mais l'une des parties pourrait s'y objecter. Dans le cas de l'ALE et de l'ALENA, les États-Unis pourraient demander la renégociation du traité sur la base de la doctrine du *rebus sic stantibus,* selon laquelle un traité reste en vigueur tant que les circonstances fondamentales, sous-jacentes à sa conclusion, n'ont pas changé. Si au contraire il y a un changement de substance *(rebus non sic stantibus)* tout peut être remis en question. La fragmentation du Canada par l'indépendance du Québec constituerait un changement de circonstances fondamentales qui remettrait en question la participation du Québec et peut-être même celle du reste du Canada à cette entente. Mais, alors que le Québec serait obligé de renégocier son adhésion, le reste du Canada pourrait invoquer la continuité juridique et se faire désigner comme «État successeur du Canada» pour préserver la pérennité du traité.

De même, dans le cas du GATT, le Québec pourrait demander à être membre s'il était parrainé par le Canada, ou s'il avait le consentement des 2/3 des États-membres.

On trouve, dans l'histoire récente, des cas illustrant cette situation. Quand l'Union soviétique s'est fragmentée en plusieurs républiques indépendantes, il a été convenu entre les parties et la communauté internationale que la continuité juridique de l'ex-Union soviétique (les accords internationaux, la représentation diplomatique...) serait assurée par la Fédération russe sous la direction du Président Eltsine. C'est ainsi que la Russie a occupé le siège de l'URSS au Conseil de sécurité de l'ONU et a accepté la responsabilité juridique des accords sur le désarmement, etc. L'Ukraine, quant à elle, s'est vue dans l'obligation de renégocier certains traités, alors qu'elle était devenue, malgré elle il est vrai, une puissance nucléaire (elle avait hérité de certaines armes nucléaires soviétiques laissées sur son territoire). Quant aux autres républiques, le problème a été réglé cas par cas: elles ont été liées dans certains cas par les accords signés par l'ex-Union soviétique, mais ont dû, dans d'autres cas, renégocier. Ainsi, à l'exception de la Russie, désignée unanimement comme «État successeur de l'URSS», rien n'était assuré pour les autres. De même, après l'éclatement de la Tchécoslovaquie qui s'est scindée entre la république tchèque et la Slovaquie, le problème de continuité juridique s'est posé d'une façon plus aiguë que dans le cas de l'URSS où la position dominante de la Russie n'a jamais été contestée. Les deux États successeurs de la Tchécoslovaquie ont dû renégocier la plupart des ententes, bien que la collaboration de la communauté internationale ait beaucoup facilité ce processus.

Dans l'hypothèse d'une indépendance du Québec, il est fort probable que le reste du Canada, qui comprendrait la majeure partie de la population et 9 des 10 anciennes provinces du Canada, soit désigné «État successeur» du Canada. Il pourrait vraisemblablement garder le même nom, les mêmes structures et la même constitution. Les Américains et les Mexicains accepteraient sans doute de reconduire l'ALENA avec le RDC, tel quel, sans modifications. Mais la même règle ne s'appliquerait pas au Québec, qui une fois sa déclaration d'indépendance prononcée et acceptée par le RDC et la communauté internationale, devrait négocier son adhésion aux traités, dans des conditions défavorables. En effet, les traités de l'ALE et de l'ALENA sont des documents longs et complexes qui ont été l'aboutissement de plusieurs années de négociations difficiles. Pour satisfaire chacune des parties il a fallu faire des arbitrages et des échanges, introduire de nombreuses conditions particulières et exceptions. Dans le cas du Canada, un certain nombre de clauses ont été insérées dans le but de protéger l'économie et la culture du pays.

Sans vouloir faire le tour complet de la question, ce qui dépasserait le cadre de cette étude, soulignons quand même trois domaines où la perte de droits acquis serait nuisible au Québec. Il s'agit du «Pacte automobile», des politiques interventionnistes du gouvernement québécois et de la position géopolitique du Québec.

Le Québec perdrait des avantages acquis: le Pacte automobile

Sans le «Pacte automobile», négocié bien avant l'ALENA mais consacré au chapitre 10 de l'ALE, l'industrie de l'automobile canadienne n'aurait jamais pu se développer comme elle l'a fait. Il garantit le libre-échange sectoriel qui permet une intégration verticale de l'industrie automobile au niveau de l'Amérique du Nord. Les filiales canadiennes des grandes entreprises américaines peuvent donc prétendre à des mandats d'exclusivité mondiale *(world product mandates)* pour certains modèles et jouir d'un marché garanti pour les composantes d'autres modèles.

En 1994, l'industrie automobile était la plus importante dans le secteur manufacturier canadien, représentant 18,5 % de la valeur totale des livraisons manufacturières canadiennes (Statistique Canada, 1994: 1-5). Cette industrie est au cœur des échanges Québec-Ontario. Elle représente 24,3 % de la valeur totale de la production manufacturière ontarienne (Statistique Canada, 1990:115, 140-151). En 1994, selon le ministère de l'Industrie et du Commerce du Québec, ce secteur représentait 23 000 emplois permanents au Québec. C'est par ailleurs l'un des secteurs les plus sensibles aux conflits commerciaux avec les États-Unis.

Or, en Amérique du Nord, les règles du jeu ont changé. La mobilité transnationale des entreprises remet en question les localisations industrielles présentes. Le Mexique, qui offre une main-d'œuvre bon marché et un accès privilégié aux consommateurs américains, attire les manufacturiers d'automobiles. Il est à noter que, depuis l'entrée en vigueur de l'ALENA, le Mexique tout entier est en train de devenir une «maquiladora» et qu'avec la dévaluation du peso, la main-d'œuvre mexicaine est encore moins chère, car elle réduit les coûts de production de 40 %. Beaucoup de compagnies comme Mercedes-Benz ont maintenant des usines de montage au Mexique. Il serait donc plus difficile de négocier aujourd'hui le Pacte automobile canado-américain. S'il devait être renégocié à zéro, les Américains et les Mexicains insisteraient probablement sur la libéralisation complète des échanges, sans aucune restriction ni garantie. Dans une éventuelle renégociation, certaines parties du pacte actuel feraient l'objet de divergences.

L'UAW (syndicat automobile américain) s'oppose aux clauses qui protègent la production au Canada, mais non aux États-Unis. Dans l'hypothèse d'un déménagement de l'industrie vers le Mexique, pourquoi protéger les usines canadiennes plutôt que les entreprises américaines? Les Américains contestent de plus en plus la position canadienne qui veut que les clauses de sauvegarde soient permanentes.

Les compagnies d'automobiles américaines tiennent le même raisonnement. Faisant face à une surcapacité, elles s'opposent à ce qu'il y ait des sauvegardes spécifiques quant à une localisation. Si la compagnie GM décide de transférer ses usines au Mexique, elle voudrait avoir la liberté de transférer non seulement ses usines du Michigan, mais aussi ses usines canadiennes.

Advenant son adhésion à l'ALE et l'ALENA, un Québec indépendant devrait abandonner ses politiques interventionnistes en faveur des entreprises québécoises

Depuis la Révolution tranquille des années 60, le Québec a utilisé une stratégie industrielle inspirée du colbertisme français et des principes de compétitivité japonais, que l'on appelle communément «Québec Inc.». L'essentiel de cette approche est de favoriser la création d'avantages compétitifs créés par les actions concertées de l'État québécois et des entreprises. De même que les secteurs public et privé japonais travaillent ensemble sous la direction du MITI (Ministry of International Trade) pour pénétrer les marchés étrangers (processus qui a fait dire qu'il y avait un «Japan Inc.»), les gouvernements unionistes, libéraux et péquistes du Québec ont mis au point des politiques pro-actives pour aider les entreprises québécoises à devenir plus concurrentielles.

Au cours du premier mandat de Robert Bourassa, le gouvernement a joué la carte énergétique avec la Baie James. Quand le PQ a accédé au pouvoir en 1976, il a misé sur le «virage technologique et entrepreneurial» et a mis sur pied des programmes de subventions aux entreprises, de dégrèvement d'impôts, d'exemption de taxes de vente, pour protéger l'industrie québécoise. De retour au pouvoir, les Libéraux provinciaux ont prolongé ces politiques, en les modifiant quelque peu et en les modernisant avec l'approche des grappes industrielles, etc. Il existe aujourd'hui une multitude d'organismes, d'instruments et de politiques visant à favoriser l'industrie québécoise et à lui donner une longueur d'avance sur ses concurrents étrangers. Ces politiques ont aussi créé des barrières au commerce interprovincial et ont donc nui au libre-échange intérieur. Mais dans l'ensemble, elles sont justifiées par certains succès évidents.

La plupart de ces politiques, acceptables ou du moins tolérables dans le cadre interne d'une fédération, sont contraires aux dispositions de l'ALENA et du GATT. Ces deux accords ont pour objectif de minimiser l'action des gouvernements et pour philosophie d'éliminer toutes barrières au commerce, y compris celles qui émanent de politiques protectionnistes subtiles. Pourtant, l'approche québécoise et surtout péquiste de «gouvernance» est très dirigiste, un peu comme en France ou au Japon. Ces politiques de «Québec Inc.» peuvent être élaborées au sein de la fédération canadienne en toute impunité, car le gouvernement du Québec qui en est leur principal artisan, n'est pas signataire des traités internationaux. Si le Québec devenait indépendant et qu'il adhérait à ces traités, il serait contraint d'abandonner certaines de ces politiques interventionnistes incompatibles avec ces mêmes traités. Citons, entre autres, les cas suivants:

Le traitement national: l'ALE exige que les gouvernements nationaux traitent les biens importés de la même manière que les biens nationaux. Un Québec indépendant signataire de l'ALE serait obligé d'éliminer plusieurs barrières commerciales dont il se sert pour protéger et promouvoir les entreprises québécoises.

Les achats gouvernementaux: le Québec ne pourrait plus continuer sa politique d'achat préférentiel en faveur des entreprises québécoises.

Les subventions industrielles: certaines subventions accordées par le gouvernement du Québec aux entreprises québécoises par la Société générale de financement ou autrement seraient interdites en vertu de l'ALE.

Les institutions financières: le traité de l'ALE est très peu contraignant pour les gouvernements provinciaux en matière d'institutions financières. Bien que son article 1703 dispense les résidents américains de la règle de 10/25, qui vise à protéger la propriété canadienne dans les institutions financières, il ne s'applique qu'à des institutions financières ayant une charte fédérale et pas à celles ayant une charte provinciale comme les Caisses Populaires. Dans le cadre de l'ALE, les Américains ont obtenu le traitement national dans ce domaine, ce qui leur permet d'acheter des institutions financières fédérales mais pas provinciales. Dans un nouvel accord Québec-États-Unis, l'article 1703 s'appliquerait très probablement aux institutions financières québécoises, un des instruments les plus importants de Québec Inc., mettant en danger leur contrôle intérieur au Québec (Courchêne, 1991:32).

Il résulte de ces constatations qu'au lieu d'augmenter sa marge de manœuvre dans l'ALE et l'ALENA, la déclaration d'indépendance aurait comme conséquence de réduire la «souveraineté» du Québec et sa capacité de diriger son économie. Le Québec, comme province canadienne, a une plus grande marge de manœuvre pour continuer ses politiques interventionnistes en faveur des entreprises québécoises que s'il devenait un pays indépendant signataire de traités commerciaux internationaux.

En se séparant, le Québec perdrait son pouvoir de négociation par un affaiblissement de sa position géopolitique en Amérique

Les atouts et les faiblesses d'un pays qui s'assied à une table de négociation sont fidèlement reflétés dans l'accord final conclu entre les parties. Une négociation internationale n'est pas un exercice altruiste mais une confrontation des forces en présence, dans laquelle le plus faible obtient le moins et le plus fort remporte la part du lion. On peut donc se demander quel sera le pouvoir de négociation du Québec dans l'ALENA de l'avenir?

Dans l'accord de libre-échange Canada-États-Unis de 1988, le Québec était représenté par un gouvernement fédéral canadien dans lequel il avait un poids très important, grâce à la distribution électorale. La majorité en Chambre du gouvernement conservateur de M. Mulroney dépendait de la forte représentation québécoise. Le Premier ministre du Canada était québécois (comme d'ailleurs tous les Premiers ministres du pays depuis 1968 avec l'exception des quelques mois de Joe Clark, John Turner et Kim Campbell). Comme pour les prédécesseurs, les politiques des Conservateurs devaient favoriser le Québec, non pas pour des raisons sentimentales mais pour des raisons électorales. C'est parce que le Québec avait clairement manifesté son soutien à l'option libre-échangiste avec les États-Unis, reprise par les Conservateurs, que ces derniers ont gagné les élections en 1988, alors que les Libéraux de John Turner y étaient opposés.

En 1990-93, lors de la négociation de l'ALENA dans sa forme actuelle, les gouvernements de Brian Mulroney, Kim Campbell et Jean Chrétien ont tout fait pour tenir compte des demandes et exigences du Québec qui, encore une fois, avait appuyé la démarche de libéralisation des échanges avec enthousiasme. Ainsi on s'est efforcé d'exempter la culture du libre-échange, de reconduire les protections et sauvegardes conclues dans l'ALE en 1988 et d'établir des règles de résolution de conflits pour éviter qu'un Congrès protectionniste américain puisse imposer des tarifs punitifs contre les produits canadiens et québécois. Ces protections furent obtenues après d'âpres discussions, car les États-Unis avaient et ont toujours, par la taille de leur économie (dix fois celle du Canada), son haut niveau de développement et sa position géographique centrale, une puissance de négociation considérable en Amérique du Nord. Si le Canada avait refusé d'adhérer à l'ALENA, les États-Unis se seraient retrouvés dans une position enviable: celle d'être signataire de deux accords de libre-échange, avec le Mexique d'une part et le Canada d'autre part. Par conséquent, toutes les entreprises qui auraient voulu faire affaire avec les trois pays se seraient en priorité localisées aux États-Unis, qui seraient ainsi devenus un pays central économiquement incontournable, capable de dénuder ses voisins de leurs facteurs de production.

Si donc le Canada, pays de 29 millions d'habitants, occupant l'ensemble d'un sous-continent et 7e puissance industrielle mondiale, a eu du mal à négocier une entente satisfaisante avec son grand voisin du Sud, que pourrait faire un Québec indépendant autour de la table de négociation?

En premier lieu, le Québec serait de loin le plus petit joueur, opposant ses 7 millions de citoyens aux 22 millions de Canadiens, aux 88 millions de Mexicains et 260 millions d'Américains. Si les États-Unis sont dix fois plus gros que le Canada, ils sont quarante fois plus gros que le Québec. Le français, langue officielle, ne serait qu'en cinquième ou sixième position démographique en Amérique du Nord après l'anglais, l'espagnol et peut-être même le chinois et le japonais (deux langues de plus en plus parlées dans l'ouest du continent). Si le Québec refusait d'adhérer à l'ALENA et négociait avec le reste du Canada une sorte de marché commun, les entreprises étrangères pourraient malgré tout pénétrer sur le marché québécois, en utilisant l'Ontario et le Nouveau-Brunswick comme tremplins. Le refus du Québec de faire partie de l'ALENA ne fera donc peur à personne, car ses marchés resteraient accessibles par son union économique même partielle avec le RDC. Autour de la table de négociation, le nouvel État du Québec serait en position de demandeur.

En second lieu, si le Québec devient indépendant, sa position géographique s'avérera une faiblesse plutôt qu'une force. Privé de sa façade avec le Pacifique, il aura un accès réduit aux grands marchés asiatiques et à la zone de libre-échange qui est en train de se négocier pour toute cette région. Marginalisé au nord-est d'un continent où l'activité économique se déplace de plus en plus vers le sud et le sud-ouest, il devra redoubler d'efforts pour rester compétitif (voir mythe 8 plus loin). Situé dans la «ceinture de neige» avec des hivers rigoureux, il va paraître moins attrayant pour les industries de haute technologie qui affluent vers les pays de la «ceinture de soleil», en Europe comme en Amérique. Pour compenser ces handicaps géographiques, le Québec dispose de meilleurs outils en demeurant au sein du Canada, où il conserve une fenêtre sur le Pacifique et peut, par l'entremise de la péréquation et de la mobilité de la main-d'œuvre et des capitaux, profiter de l'expansion de la côte Ouest.

En troisième lieu, il est à noter que l'élargissement éventuel de l'ALENA multiplierait le nombre d'acteurs et diluerait un peu plus le pouvoir de négociation du Québec. En effet, le Président Clinton évoquait à la fin de 1994 la possibilité de créer une zone de libre-échange englobant les deux Amériques de l'Alaska à la Terre de Feu. En négociant au sein du Canada, le Québec pourrait continuer à utiliser ses alliances avec les provinces anglophones (encore soucieuses de le satisfaire) dans le but de faire front commun dans les négociations visant à élargir l'accord.

Si, comme nous l'avons vu, il n'est pas toujours facile pour le grand Canada de faire le poids dans les négociations internationales impliquant des géants démographiques et commerciaux, il est raisonnable de penser que ce serait encore plus difficile pour un petit pays comme le Québec. On entend dire que le Québec forgerait des alliances avec ses «cousins latins» contre les Anglo-Saxons. Cet argument ne résiste malheureusement pas à l'analyse, car en matière commerciale l'économie vient avant la culture. Si le Mexique entrevoit la possibilité d'attirer les usines de montage automobile, qui se trouvent actuellement au Québec, ce n'est pas l'argument de la culture latine qui va l'en dissuader. Aussi paradoxal que cela puisse paraître pour les indépendantistes, le reste du Canada et surtout l'Ontario sont les alliés naturels du Québec dans l'ALENA. En faisant front commun à la table de négociation avec les autres provinces, au sein du Canada, le Québec a de plus grandes chances de maximiser ses avantages qu'en jouant seul la partie.

CONCLUSION: TOUT EST À RENÉGOCIER POUR UN QUÉBEC QUI SERA EN POSITION DE DEMANDEUR.

Il semble donc probable que le nouvel État du Québec doive renégocier sa place dans les accords de libre-échange avec les États-Unis, le Canada et le Mexique. Certes, les tenants de l'indépendance peuvent se réjouir de l'adhésion probable du Québec à ces grands traités.

Mais il est clair que le pouvoir de négociation du Québec autour de la table serait quasiment nul, puisque sa non-adhésion lui poserait plus de problèmes qu'aux autres pays, qui pourraient envahir ses marchés par le Canada.

Le Québec serait donc demandeur et se verrait imposer les conditions de ses partenaires. A moins que ces derniers ne fassent preuve d'un altruisme peu commun dans ce genre de démarche, le Québec perdra les acquis que le Canada a déjà négociés, comme par exemple les exemptions culturelles. La «solidarité culturelle» évoquée par Bernard Landry, entre les cent nations qui veulent protéger leur culture, ne jouera certainement pas en faveur du Québec (débat de l'Assemblée nationale, 19 déc. 1994). La culture hispanique est la deuxième en Amérique et la solidarité pour la protection de la culture se jouera entre pays hispanophones. A chacun son combat!

MYTHE 7 : Un Québec indépendant sera plus compétitif qu'au sein de la fédération canadienne

Mise en contexte

Si le Canada empêche le Québec de se développer pleinement, comme nous l'avons si souvent entendu dire, cela veut-il dire qu'un Québec indépendant serait plus compétitif? Les enjeux sont considérables car dans une économie mondialisée, une perte de compétitivité signifie une chute des revenus, des effets multiplicateurs négatifs et une diminution de l'emploi. Un Québec indépendant devra donc tout faire pour garder et attirer les entreprises mobiles que la forte mobilité transnationale des facteurs de production permet de relocaliser rapidement dans des pays où les coûts seront réduits et les profits maximisés.

Une stratégie de compétitivité régionale ou nationale est aujourd'hui basée sur des «attracteurs» (ou avantages), qui sont des atouts naturels ou artificiels, favorisant la localisation industrielle. A l'inverse, certains contre-facteurs peuvent agir comme «répulseurs» (ou handicaps) (Valaskakis, 1992).

Parmi les «attracteurs» et les «répulseurs» d'origine naturelle, on trouvera la localisation géographique d'un pays (centrale ou périphérique, nordique ou méridionale, maritime ou continentale), son climat, les ressources de son sol et du sous-sol, etc. Au niveau du secteur privé, les «attracteurs» incluent les investissements en place, les ressources humaines disponibles et leur qualité, la présence d'entreprises et de consommateurs permettant des économies d'échelle, etc. Les «répulseurs» peuvent inclure la pollution, l'encombrement, la criminalité, etc.

Mais c'est au niveau des politiques gouvernementales que l'on retrouvera les variables souvent décisives qui influencent la localisation des entreprises: les politiques fiscales et monétaires, le climat d'investissement, la présence ou l'absence de subventions industrielles, le niveau d'imposition, etc. Les gouvernements ont le pouvoir de créer des avantages par des politiques intelligentes et à l'inverse des handicaps concurrentiels par des politiques mal pensées.

Un Québec indépendant fera donc face au défi de rester compétitif sur la scène internationale. Mais dans ce monde compétitif, qui non seulement oppose le Québec à l'Ontario et au nord-est des États-Unis, mais aussi à la côte Pacifique et au Mexique, comment attirer et garder les facteurs de production et les entreprises mobiles de façon durable? Comment le Québec pourra-t-il être plus compétitif en dehors de la fédération canadienne?

La question est extrêmement complexe et nous n'en examinerons ici que certains aspects. Toutefois, il est certain que le Québec est beaucoup plus attirant, pour les entreprises, comme membre de la fédération canadienne, que séparé: l'incertitude économique, politique et sociale créée par l'indépendance, combinée à une augmentation des impôts, à un endettement élevé et à une augmentation du chômage, risquerait de décourager les entreprises, du moins dans un premier temps. Plus encore on risquerait d'assister à un départ massif d'entreprises et ce n'est qu'une fois les brèches colmatées, que le gouvernement d'un Québec indépendant pourrait envisager d'élaborer des politiques qui attireraient les entreprises. Mais comme le Québec indépendant ne serait pas vraiment «souverain», il est peu probable qu'il ait la marge de manœuvre nécessaire pour agir à sa guise.

LA SITUATION ACTUELLE DU QUÉBEC: MALGRÉ UNE STRUCTURE INDUSTRIELLE AVANCÉE GRÂCE À L'ACTION COMBINÉE DES GOUVERNEMENTS PROVINCIAL ET FÉDÉRAL, LE QUÉBEC A DÉJÀ DE GRANDS DÉFIS À RELEVER POUR AMÉLIORER SA COMPÉTITIVITÉ

Le Québec dans le Canada, a profité des politiques canadiennes «nationalistes», visant à neutraliser l'attraction exercée par ses compétiteurs régionaux.

De tout temps, le grand marché des États-Unis à la porte du Canada a attiré les entreprises. Avec l'émergence d'autres puissances moyennes sur le continent américain, le Canada a fort à faire pour maintenir sa position compétitive. Afin de neutraliser les avantages que ses compétiteurs régionaux ont, le Canada a mis sur pied, depuis John A. Macdonald jusqu'à Pierre Trudeau, des politiques industrielles agressives dont le Québec a particulièrement bénéficié. La «politique nationale» du début de la Fédération a permis le développement de l'infrastructure canadienne de transport autour de la construction de transcontinentaux ferroviaires et la mise en place d'un tarif douanier suffisamment élevé pour inciter les compagnies étrangères à s'implanter au Canada afin de desservir le marché canadien. Cette politique a continué sous diverses formes jusqu'à la fin de l'ère Trudeau et s'est traduite, dans les années 70, par un rôle assez actif donné à l'État et par l'implantation de grands projets de développement. Les gouvernements du Québec ont emboîté le pas aux initiatives fédérales. Le fameux Québec Inc. s'est formé par l'entremise d'un réseau d'entreprises du secteur privé, parrainé et parfois subventionné par l'État et la compétitivité du Québec a été renforcée par les subventions fédérales.

Sans l'action combinée des gouvernements fédéral et québécois, le Québec ne jouirait pas aujourd'hui d'une structure industrielle aussi avancée. Les courants naturels de l'économie nord-américaine auraient favorisé une localisation industrielle qui se trouverait beaucoup plus au sud que le corridor Québec-Ontario.

Malgré tout, avant même d'être indépendant, le Québec est déjà menacé par une désindustrialisation progressive

Certes, en l'espace de trente ans, le Québec s'est doté d'une structure industrielle moderne, mais cette dernière est incomplète et à parfaire. Jusqu'au début des années 90, c'est le modèle des incubateurs industriels qui a été suivi plutôt que celui des grappes industrielles (c'est-à-dire, un regroupement d'entreprises sous un même parapluie, qui s'échangent de l'information, effectuent des alliances stratégiques, fusionnent à l'occasion et s'attaquent au marché extérieur). Cette stratégie a permis de marquer quelques points mais n'a pas réussi à faire du Québec la puissance industrielle que l'on espérait voir surgir.

Car le Québec moderne souffre, comme le démontrent plusieurs études, d'un faible taux de productivité et d'une économie moins compétitive que celle de l'ensemble de l'économie canadienne. Cette productivité, assez moyenne, s'est traduite par une pénurie d'offres d'emplois (seulement 7 000 emplois créés en 1993) due à l'incapacité du secteur privé à participer activement à la reprise économique (D. G. nord-sud, 1991). De 1988 à 1992, on a pu constater une perte nette d'emplois manufacturiers, à cause de la forte présence d'industries à faible valeur ajoutée (38,2 % du secteur manufacturier en 1986 contre 20 % pour l'Ontario), très sensibles à la concurrence internationale et habituellement non compétitives dans une situation de libre-échange.

La menace qui plane sur le Québec, comme d'ailleurs sur l'Ontario, avec ou sans indépendance, est celle d'une désindustrialisation provoquée par le départ d'industries et d'entreprises vers des pays plus alléchants. Certaines entreprises installent leurs filiales ou leurs sièges sociaux dans les pays qui leur garantissent accès aux grands marchés. Beaucoup d'entreprises comme Northern Telecom et Bombardier, véritables grandes vedettes canadiennes, sont très attirées par la position centrale des États-Unis au sein de l'ALENA. D'autres entreprises, qui cherchent à minimiser leurs coûts de production, sont plutôt attirées par des pays comme le Mexique, qui offrent une main-d'œuvre bon marché à la porte de l'immense marché de consommation des États-Unis.

Il est clair qu'il sera bien plus facile au Québec d'améliorer sa position compétitive sur le marché international en restant à l'intérieur du Canada, qu'en faisant cavalier seul. Le pouvoir d'attraction qu'exercent les États-Unis ou le Mexique sur les entreprises canadiennes ne peut être contré qu'à l'intérieur d'un plus grand ensemble qu'est le Canada.

L'IMPACT POTENTIEL DE LA SOUVERAINETÉ SUR LA COMPÉTITIVITÉ DU QUÉBEC

Un Québec indépendant aura du mal à attirer les entreprises et les investisseurs étrangers

Le plus grand handicap pour un Québec indépendant serait sans doute d'être perçu par de potentiels investisseurs comme un pays «marginalisé». Avec ses 7 millions de consommateurs, le marché intérieur du Québec est trop petit pour attirer les grandes industries. La localisation d'entreprises étrangères au Québec dépendra de sa capacité de démontrer qu'il peut être une porte d'entrée à la zone de libre-échange nord-américaine, plus attrayante que les États-Unis et le Mexique. Il devra donc, pour cela, mettre sur pied des politiques fiscales plus généreuses que les politiques américaines, des salaires très compétitifs nécessitant probablement une dévaluation considérable de la monnaie québécoise, s'il y en a une.

La nouvelle république du Québec aura tout le fardeau de la preuve pour «vendre» ses attraits à des investisseurs exigeants, probablement plus attirés par le reste du Canada, les États-Unis et le Mexique. Elle se verra dans l'obligation de renier ses projets de protection sociale et culturelle tels que prévus par le programme du Parti québécois, ainsi que ses politiques protectionnistes qui vont à l'encontre des accords internationaux comme l'ALE, l'ALENA et le GATT. Le gouvernement québécois aura de la difficulté à prouver qu'il fera mieux après l'indépendance. Le défi sera de taille!

Un avenir incertain pour la région montréalaise, un grand centre industriel.

La question de l'avenir concurrentiel de la région montréalaise (métropolitaine) est extrêmement importante pour le Québec, parce qu'elle regroupe 45 % de la population québécoise et 47 % des emplois de la province. Les trois quarts des emplois sont dans le secteur tertiaire, mais la région regroupe également la moitié de l'activité manufacturière du Québec et les deux tiers des exportations internationales se font à partir du port de Montréal (plus de 8 milliards $). L'activité économique est donc orientée sur l'extérieur. La région possède les atouts suivants:

- Une position géographique privilégiée, au carrefour de différents réseaux de transports et de communications et à proximité du marché américain.
- Une structure économique diversifiée, bien que l'activité manufacturière reste largement spécialisée dans les secteurs à faible valeur ajoutée.
- L'existence d'un large bassin de main-d'œuvre qualifiée et expérimentée.
- La présence d'un secteur tertiaire moteur important.
- Un vaste réseau d'établissements publics de santé et d'éducation, y compris de quatre universités.
- La concentration de deux industries stratégiques à haute valeur ajoutée: l'aérospatiale (40 % de la production canadienne, 3 milliards $ de livraisons, 30,000 emplois 70 % de la production exportée) et l'industrie pharmaceutique (36 % des emplois du secteur au Canada, 250 millions $ en investissements publics et privés en recherche et développement).

Le secteur public constitue le quart des emplois directs dans l'Ile de Montréal, car les différentes administrations publiques ont toutes leurs bureaux sur l'Ile, sans compter de nombreux établissements de santé et d'éducation, de même que des sociétés parapubliques. Ainsi, en se fiant à une étude de l'OPDQ, en 1987, la région métropolitaine de Montréal (CUM et Laval) avait:

- 169 établissements de l'administration fédérale offrant 16 000 emplois directs.

- 190 établissements liés à l'administration provinciale, employant 17 000 personnes sans compter les 30 municipalités de la CUM.

- Un vaste réseau d'éducation, qui regroupait 9 établissements universitaires, 11 cegeps, 565 écoles primaires et secondaires.

- Une activité commerciale et industrielle (mises en chantier, commerces au détail, activités industrielles) qui totalisait en 1989 les 5500 millions $.

Il convient de se demander si Montréal deviendra une ville plus attirante pour les investisseurs privés dans un pays ayant un marché de 29 millions de personnes ou comme métropole d'un nouveau pays de 7 millions d'habitants? Son rayonnement comme pôle d'attraction économique et ville internationale sera-t-il amélioré par l'indépendance du Québec ou non?

Montréal est déjà une ville qui s'affaiblit. Elle est aujourd'hui, parmi les grandes villes du Canada, la capitale de la pauvreté. Elle partage avec Toronto un affaiblissement économique grave, lié à la récession et au départ des industries vers les États-Unis et le Mexique. Depuis la fin des années 70, de grandes multinationales canadiennes ont déménagé (réellement ou de facto) leurs sièges sociaux, comme la Sun Life, le Trust Royal, Northern Telecom, la Banque Royale, ou la Banque de Montréal... On constate donc une baisse des prix immobiliers et un faible taux de construction de nouveaux édifices commerciaux et maisons résidentielles. L'indépendance du Québec ne ferait qu'accentuer ce mouvement, à moins que Montréal devienne la nouvelle capitale, ce qui semble improbable, depuis que le Premier ministre Jacques Parizeau, qui a établi sa résidence officielle à Québec, a promis d'en faire la capitale.

Advenant l'indépendance du Québec, on assisterait aux effets probables suivants:

Une éventuelle séparation du Québec accélérerait la tendance à l'affaiblissement de la région métropolitaine de Montréal

(1) On assisterait au départ massif d'entreprises.

De nombreuses entreprises canadiennes, comme les institutions financières, les compagnies d'assurances, CN, CP, Air Canada, Bell Canada, quitteraient Montréal, laissant tout au plus un bureau.

Certaines multinationales, ayant actuellement leurs sièges sociaux dans la région montréalaise, pourraient vouloir quitter à cause du climat d'instabilité politique et monétaire et de hausse des taux d'intérêt. A celles-ci s'ajouteraient des entreprises de haute technologie, privées des subventions pour la recherche et de développement (environ 500 millions $ provenant directement du gouvernement fédéral).

(2) L'élimination de la majeure partie des 16 000 emplois de la fonction publique fédérale aurait un effet multiplicateur négatif sur l'économie de la région d'environ trois fois ce nombre

(3) La diminution des effectifs de la fonction publique provinciale à Montréal se fera au profit de la ville de Québec, qui doit devenir le pôle de développement le plus important du Québec et la future capitale nationale. Ceci peut mener au transfert des services et fonctionnaires vers Québec, au départ possible de consulats de petits pays qui seront obligés soit de quitter Montréal, soit de réduire leur représentation.

Le déclin de Montréal pourrait par contre être enrayé si le nouveau gouvernement d'un Québec indépendant décidait d'en faire la capitale du pays. Dans ce cas, Montréal deviendrait une grande capitale internationale et verrait son statut s'améliorer dans l'esprit de l'élite mondiale. Cependant, cette remontée se ferait au détriment du reste de la province et de la ville de Québec, ce qui serait politiquement inacceptable pour le Parti québécois, qui favorise un État bipolaire avec deux centres de croissance, Québec et Montréal.

Un avenir incertain pour les régions d'un Québec indépendant, dont certaines se sont développées grâce à l'action combinée des gouvernements fédéral et québécois

Depuis plus de 35 ans au Canada, tant au niveau fédéral qu'au niveau provincial, le développement régional a été une manière d'assurer une meilleure politique d'équité sociale et de développement harmonieux des centres non urbains. Au Québec, les gouvernements fédéral et provincial ont toujours joué un rôle très important. Un des principes de base du développement régional vise à encourager le développement des emplois dans des régions éloignées ou pauvres. C'est pourquoi certaines régions comme le Bas-St-Laurent reçoivent plus du gouvernement que d'autres.

Les gouvernements ont donc, dans cette optique, développé des mesures et des politiques dont les objectifs visent à stimuler les différentes régions en compensant les inégalités de la croissance. C'est ainsi que sont apparues les subventions à l'établissement d'entreprises en régions désignées, les incitatifs fiscaux, etc. De nombreuses études furent réalisées, des commissions d'enquête mises sur pied, des ministères et organismes publics furent crées, notamment le ministère de l'Expansion régionale (1970), l'Office de la planification et du développement du Québec (1968), etc. Plus récemment (1984) nous avons assisté à la mise en place de nombreuses politiques gouvernementales qui visent un meilleur développement régional. Certaines d'entre elles ont fait l'objet de l'entente cadre entre nos deux paliers de gouvernement (entente auxiliaire Canada-Québec sur le développement économique des régions, entente Canada-Québec sur la formation de la main-d'œuvre, etc.).

L'évaluation des activités entreprises dans le cadre du développement régional depuis 1960 nous démontre que malgré certains problèmes, le bilan d'ensemble est positif. Certaines régions québécoises comme celles de l'Estrie, du Bas du Fleuve, de la Montérégie et du Saguenay-Lac-St-Jean ont bénéficié d'interventions gouvernementales qui leur ont permis en partie de se développer progressivement et dans bien des cas, des initiatives locales ou régionales non gouvernementale ont pris le relais. Ces interventions gouvernementales ont généré des retombées positives directes de l'ordre de 15 milliards $ au cours de 20 dernières années et contribué au maintien de 230 000 emplois en région. Le nombre des emplois a augmenté de 42,1 % dans l'ensemble du Québec entre 1971-1990, contribuant à une augmentation substantielle du revenu personnel disponible qui a augmenté de près de 60 % dans toutes les régions québécoises. La plupart des parcs industriels dans la région québécoise furent créés grâce aux effets des politiques régionales. Le développement industriel de l'Estrie a commencé dans les années 60 à la suite d'une série de subventions fédérales et provinciales. Aujourd'hui, cette région compte un géant mondial dans les microprocesseurs, C-MAC, et une série d'autres pôles du développement.

L'administration des fonds se fait sans aucune intervention du gouvernement fédéral qui a d'ailleurs accepté le concept de la décentralisation progressive et de la délégation du pouvoir de gestion au gouvernement provincial et dans une certaine mesure aux municipalités via les MRC (municipalités régionales de comté).

Les régions québécoises pourraient graduellement, dans un Québec indépendant, perdre les bénéfices d'un développement économique acquis au cours des 35 dernières années, car le Québec serait privé de transferts fédéraux qui représentent actuellement 21,5 % de ses revenus budgétaires (voir budget du Québec, 1994) et qui servent au maintien des programmes établis (FPE) et dans une certaine mesure au développement régional.

CONCLUSION : UNE STRATÉGIE DE COMPÉTITIVITÉ INTÉGRÉE PAN-CANADIENNE EST DANS LE MEILLEUR INTÉRÊT DU QUÉBEC

Au lieu de chercher à faire cavalier seul, le Québec devrait harmoniser ses politiques de développement et intégrer ses grappes industrielles avec celles de l'Ontario. Car la nouvelle donne internationale oppose les grandes régions dans le domaine de la compétitivité. Il s'agit moins de Montréal contre Toronto ou de Québec contre Montréal. Il s'agit plutôt de Québec-Windsor (le Canada central) contre le nord-est des États-Unis, contre les «maquiladoras» ou contre la côte Pacifique. Une stratégie de compétitivité bien pensée pour le Canada engloberait le Québec et l'Ontario, qui forment une région économique, même si trois gouvernements (fédéral, ontarien et québécois) y ont juridiction. La revitalisation du corridor Québec-Windsor est essentielle au développement du Québec comme à celui de l'Ontario.

L'harmonisation des politiques de développement entre le Québec et l'Ontario, déjà difficile au sein du Canada, serait pratiquement impensable après l'indépendance du Québec. On verrait très probablement des guerres économiques surgir entre ces deux provinces pour attirer l'investissement étranger.

Si l'Ontario adoptait par exemple une approche Ontario Inc. à la québécoise et créait des «attracteurs» puissants pour neutraliser les initiatives du Québec, ce dernier aurait des difficultés à gagner cette bataille. L'Ontario, avec ses 10 millions de producteurs-consommateurs (sans compter les consommateurs du reste du Canada) contre les 7 millions de Québécois et avec une capacité d'investissement importante, partirait favori. La guerre d'«attracteurs» interprovinciale fera peut-être le bonheur des entreprises apatrides qui assisteront d'un air amusé, aux surenchères de subventions industrielles entre le Québec et l'Ontario, cherchant tous les deux à les attirer. Mais en dernière analyse, ce seront les contribuables qui paieront très cher les rançons proposées pour attirer l'investissement.

Ainsi, à moins que le reste du Canada et les véritables concurrents du Québec n'abandonnent la lutte, il n'y a aucune raison de penser qu'un Québec indépendant serait plus compétitif qu'un Québec au sein du Canada. Au contraire, une stratégie industrielle à l'échelle du pays tout entier, ou du moins une stratégie canadienne des grappes industrielles, aurait plus de chances de réussir. L'approche du «chacun pour soi», favorisée par le mouvement indépendantiste québécois, qui rejette les initiatives collectives, même celles visant au développement de marchés (on se souviendra de l'absence remarquée du Premier ministre québécois dans la délégation canadienne qui est allée en Chine en novembre 1994) constitue, à notre avis, une grosse erreur stratégique allant à l'encontre des intérêts du Québec.

Comme l'avait fait remarquer un diplomate mexicain à un des auteurs, il y a quelques mois: *«Nous n'arrivons pas à vous comprendre, vous les Canadiens. Vous acceptez de livrer le combat économique contre les États-Unis et nous-mêmes au sein de l'ALENA sans aucun plan de campagne. Contre nos 88 millions de Méxicains et les 250 millions d'Américains, vous envoyez vos 29 millions de soldats dans la bataille un par un, sans aucun esprit d'équipe. Nous vous remercions pour ce cadeau, mais soyez certains qu'avec cette stratégie c'est nous qui allons conquérir vos marchés et pas le contraire. Peut-être que dans quelques années, nous serons même en mesure de vous offrir de l'aide au développement!»*

Cette phrase illustre bien l'importance de la mise en commun des effets du développement des marchés, comme ce fut le cas lors du voyage en Chine de novembre 1994.

MYTHE 8: Le plein-emploi sera facile à réaliser dans un Québec indépendant

Mise en contexte

Le programme du Parti québécois nous promet que dans un Québec indépendant le chômage diminuerait grâce à la mise sur pied de politiques de relance et de plein-emploi et à la création de commissions régionales de développement et de centres locaux d'emploi. A cela s'ajouterait des politiques visant à influencer la gestion active de l'emploi, par l'aide et le soutien financier des entreprises québécoises qui veulent s'impliquer dans les activités d'exportation, l'établissement d'objectifs pour la coordination et l'orientation de la formation professionnelle, etc. Il n'est toutefois fait aucune mention des sources de financement de ces activités. Comment donc un Québec indépendant trouverait-il les moyens de financer ces programmes et atteindre son objectif de plein-emploi?

En examinant l'évolution de l'emploi au Québec durant les vingt dernières années, on constate que le taux de chômage a toujours dépassé la moyenne nord-américaine (canadienne et américaine). Le marché du travail au Québec se caractérise par un déséquilibre entre la progression des nouvelles demandes d'emplois et les offres d'emplois faites par les entreprises. On constate une importante hausse du taux de chômage au début des années 70, une aggravation de ce taux au milieu de la même décennie, lorsque le Parti québécois était au pouvoir (10,3 % et 10,9 % en 1977 et 1978 tandis qu'en Ontario durant la même période on avait des taux de 7 % et de 7., %). On a pu constater le même phénomène lors de la récession de 1981-82 (10,3 % et 13,8 % pour le Québec contre 6,5 % et 9,8 % pour l'Ontario). Cette situation a duré même en temps de croissance économique comme à la fin des années 80, où le taux de chômage était de 9.3 % au Québec en 1989 et de 5,1 % en Ontario et de 7,5 % au niveau national. Dès le début des années 90, la situation de l'emploi s'est encore détériorée au Québec, qui malgré une certaine reprise économique, a affiché un taux élevé de chômage de 13,1 % en 1993 contre une moyenne nationale de 11,2 %.

Le taux de chômage au Québec est donc régulièrement au-dessus de la moyenne ontarienne en particulier et canadienne en général. Il s'agit d'un problème structurel et non conjoncturel, qui n'est toutefois pas exclusif au Québec, puisque les Provinces maritimes affichent un taux de chômage encore plus élevé. Que pourra faire un Québec indépendant pour le résoudre? Nous allons donc examiner les causes principales du chômage (au Québec et ailleurs) et la marge de manœuvre réelle qu'aurait le gouvernement d'un Québec indépendant pour les éliminer.

L'INDÉPENDANCE CONTRE LE CHÔMAGE: QUELLE EST LA MARGE DE MANŒUVRE RÉELLE?

Pour comprendre les défis auxquels ferait face un Québec indépendant à la recherche du plein-emploi, il importe d'analyser sept questions que nous exposons au lecteur par ordre croissant d'importance: la conjoncture économique, les rigidités institutionelles, les politiques monétaires, les politiques budgétaires, la formation de la main-d'œuvre, les changements technologiques, et la mondialisation. Dans chacun des cas, nous examinerons si un Québec indépendant pourrait apporter des solutions valables.

1. Conjoncture économique: indépendant ou non, le Québec ne pourra lutter contre le chômage par un accroissement des dépenses gouvernementales

Le Québec s'est toujours montré plus sensible aux ralentissements économiques que le reste du Canada. Il a beaucoup souffert lors des récessions de 1980-81 et de 1991-92. Et alors qu'en 1995 la récession est officiellement terminée depuis un bon moment, la situation du marché de l'emploi reste très problématique surtout dans certaines régions comme celle de

Montréal. Généralement, les gouvernements cherchent à résoudre le chômage provoqué par une récession, en déclenchant une relance par un accroissement des dépenses gouvernementales.

Mais bien que la création d'emplois par une augmentation des dépenses gouvernementales soit possible, elle est extrêmement coûteuse et ses effets négatifs indirects, surtout en système ouvert, sont contre-productifs. Dans le contexte économique actuel, l'augmentation des dépenses gouvernementales est impossible, car elle entraînerait des déficits supplémentaires pour le Québec, qui ne peut se permettre d'augmenter les impôts, sans craindre de voir les entreprises et les cadres mobiles déménager et les consommateurs travailler au marché noir. De plus, il est difficile, compte tenu de l'endettement excessif du secteur public au Canada comme au Québec, de faire de nouveaux emprunts pour financer des déficits gouvernementaux anti-conjoncturels. Un Québec indépendant, qui fera face à des difficultés économiques, ne pourra se permettre d'augmenter les dépenses gouvernementales.

2. Les rigidités «individuelles» et institutionelles qui causent le chômage, seraient aggravées dans un Québec indépendant

On peut expliquer la persistance du chômage, même en période de reprise, par le manque de flexibilité du marché du travail. En effet la main-d'œuvre québécoise est peu mobile: les Québécois se déplacent moins que les Américains, ils ne vont pas chercher d'emplois dans les autres provinces et privilégient leur région et même leur ville. A cette «rigidité individuelle» s'ajoute une «rigidité institutionnelle», créée par la forte syndicalisation des secteurs public et privé.

Au sein d'un Québec indépendant il sera possible, dans une certaine mesure, d'améliorer la mobilité interne de la main-d'œuvre par des politiques gouvernementales. Mais on constatera une accentuation du manque de mobilité des travailleurs québécois vers l'extérieur du Québec. Un Québec indépendant n'aura pas plus de marge de manœuvre pour améliorer les causes institutionnelles du chômage: il sera dans l'impossibilité de réduire la puissance des syndicats qui sont parmi les plus ardents partisans de l'indépendance. En outre, la suppression des droits acquis des travailleurs, par une réduction des salaires ou une aggravation des conditions de travail, serait politiquement et socialement maladroite. On peut donc conclure que le gouvernement d'un Québec indépendant aurait une marge de manœuvre très réduite pour éliminer les «rigidités» causant le chômage.

3. Formation de la main-d'œuvre: le gouvernement d'un Québec indépendant ne pourra pas faire beaucoup plus

L'entreprenariat québécois a progressé durant les 35 dernières années. Mais la faible productivité de la main-d'œuvre québécoise et le manque de compétitivité de l'économie québécoise par rapport à l'ensemble de l'économie canadienne, défavorisent le Québec qui est confronté aux nouveaux défis de la concurrence et de la mondialisation. On y constate selon certaines études, une organisation de travail parfois inadéquate, une main-d'œuvre moins bien formée que celle de nos principaux compétiteurs étrangers et des coûts unitaires élevés (Interventions économiques, 1988).

Que peut faire un gouvernement indépendantiste dans ce domaine? Confrontés à la turbulence créée par le changement technologique qui modifie le marché de la main-d'œuvre, les fonctionnaires d'un gouvernement indépendant québécois seront-ils mieux qualifiés que leurs collègues fédéraux pour mettre sur pied des programmes de formation de la main-d'œuvre? En Europe on cherche à développer des normes et des programmes continentaux plutôt que locaux. Bien que la prise en charge locale puisse paraître attrayante pour ceux qui croient que «ce qui est petit est beau» («small is beautiful»), elle n'est pas toujours efficace. Le Québec, qui a déjà une souveraineté en éducation, puisque l'éducation est une responsabilité provinciale au Canada, affiche des résultats assez médiocres et un taux de décrochage extrêmement élevé (46 %

en 1994 sur le territoire de la CECM). Comment l'indépendance va-t-elle améliorer les choses?

4. Un Québec indépendant n'aura presque aucune manière d'influencer les politiques monétaires qui déterminent ses politiques économiques

Les politiques monétaires restrictives du gouvernement fédéral, dans la période 1988-1993, ont mené à des taux d'intérêt élevés et à un dollar canadien surévalué par rapport au dollar américain. Cette situation a nui aux exportations et causé des faillites qui naturellement suppriment des emplois. En ce début d'année 1995, les taux d'intérêt au Canada sont assez bas, d'après les normes historiques canadiennes. Toutefois, en termes réels (en tenant compte de l'inflation), ces taux sont encore élevés comparés aux taux américains. Une augmentation de ces taux d'intérêt, quelle qu'en soit la raison, aura pour effet de menacer encore une fois les emplois. Au Québec, les 160 000 PME offrent des emplois à 85 % de la main-d'œuvre québécoise. La majeure partie de ces entreprises dépend pour sa survie du financement bancaire. Si les taux d'intérêt atteignaient 20 % (record des années 1990), beaucoup d'entre elles seraient obligées de déclarer faillite, ce qui aurait un effet dévastateur sur l'emploi.

Pour espérer changer les politiques monétaires, le nouvel État québécois devrait avoir sa propre monnaie en taux de change flexible avec les devises étrangères. Mais comme nous l'avons vu plus haut dans le mythe 5, scénario 7, le prix à payer pour l'économie québécoise serait très élevé: hausse des taux d'intérêt sur les titres gouvernementaux et des taux réels, diminution des investissements et de la consommation, etc.. Sans cette souveraineté monétaire les taux d'intérêt et la valeur du dollar canadien (et donc québecois) seront déterminés à Ottawa sans que le Québec soit consulté ou sans que son influence soit réelle. En conclusion, on peut dire que la marge de manœuvre d'un Québec indépendant, qui chercherait à réduire le chômage en influençant les politiques monétaires, serait nulle.

5. Un Québec indépendant n'aura pas plus de marge de manœuvre pour réduire le chômage causé par les innovations technologiques qu'aujourd'hui.

On constate dans le monde moderne que les innovations technologiques de «procédés» détruisent l'emploi en remplaçant les êtres humains par des machines, à l'inverse des innovations technologiques de «produits» qui, par l'invention de nouveaux produits, entraînent la création d'emplois et génèrent des activités. Or, l'informatique et les télécommunications, les deux plus importantes innovations technologiques stratégiques contemporaines, sont des technologies de procédés «horizontales», qui, s'appliquant à plusieurs secteurs, modifient les modes de production en augmentant l'efficacité et réduisent considérablement la demande pour la main-d'œuvre.

On assiste à une divergence grandissante entre la croissance économique, alimentée par les innovations technologiques de «procédés» et la création d'emplois.

Nos sociétés industrialisées, deviennent de plus en plus productives, mais l'emploi a plutôt tendance à décroître. Ce phénomène est universel et ne touche pas que le Québec.

Que pourra faire le gouvernement péquiste devant cette réalité? Freiner l'innovation au risque de faire perdre aux entreprises québécoises leurs avantages compétitifs? Répartir les gains de productivité découlant de l'informatisation en réduisant les heures de travail? Dans un monde idéal, en système fermé, tout le monde travaillerait moins et ces règles s'appliqueraient à toutes les entreprises. Mais un Québec indépendant ne pourrait vivre isolé du monde. En système ouvert, la réduction des heures de travail sans réduction de salaire augmente les coûts de production et incite les entreprises à déménager.

6. Un Québec indépendant ne pourra pas, à lui seul, contrer les effets de la mondialisation qui permettent aux entreprises de se localiser dans les pays où la main-d'œuvre est moins coûteuse.

Le phénomène de la mondialisation influence le taux de chômage. La recherche de la «rentabilité» et de la «compétitivité» donne aux entreprises un éventail de choix énorme. Il n'est plus vrai que «ce qui est bon pour GM est bon pour le Michigan et est bon pour les USA». Ce qui est bon pour GM peut être de fermer ses usines de Detroit et de déménager au Mexique ou en Hongrie. La relocalisation d'entreprises et l'émigration d'industries est une des causes du chômage. Tant qu'il existera une possibilité de transférer des usines dans un pays du Tiers Monde, où la main-d'œuvre est prête (ou obligée) à travailler pour des salaires de misère, l'entreprise apatride pourra utiliser cette menace pour faire baisser les salaires dans les pays industrialisés ou automatiser sa ligne de production. Faute de quoi elle déménagera. Cette logique est inattaquable et on ne peut en blâmer un PDG dont les responsabilités envers ses actionnaires le contraignent à rechercher un bénéfice maximal. Le succès des technologies et de la concurrence des nouveaux pays industriels à bas salaire, libère une main-d'œuvre occidentale sans cesse plus abondante, qui risque de se voir reléguée à l'assistance sociale, à la marginalisation et à la pauvreté. Le gouvernement indépendantiste du Québec ne pourra à lui seul renverser cette tendance.

LES OPTIONS QUI S'OFFRENT AU GOUVERNEMENT D'UN QUÉBEC INDÉPENDANT POUR AMÉLIORER L'EMPLOI

Devant cette problématique complexe, quelles sont les options qui s'offrent au gouvernement d'un Québec indépendant? Elles sont, à notre avis, au nombre de trois.:

Option 1: Viser le plein-emploi «artificiel» en système ouvert et risquer le départ massif des facteurs de production.

Option 2: Viser le plein-emploi en acceptant l'appauvrissement de la main-d'œuvre.

Option 3: Miser sur la compétitivité maximale sans création d'emplois et trouver le moyen de redistribuer les richesses.

Option 1: Viser le plein-emploi «artificiel» en système ouvert et risquer le départ massif des facteurs de production

Contrairement à ce que certains croient, l'objectif du plein-emploi peut toujours être atteint par des méthodes artificielles. Si l'on décide que l'emploi doit devenir un moyen de distribution et non de production, on peut, à la rigueur, créer des emplois dans le seul but de donner aux travailleurs un pouvoir d'achat. A la limite de l'absurde on pourrait diviser la main-d'œuvre en deux groupes: le premier travaillerait 40 heures par semaine à casser des vitres, tandis que le second travaillerait 40 heures par semaine à les réparer! Il y aurait plein-emploi et plein salaire. Absurde ou pas, c'est un peu ce qui se passe en période de guerre. Tout le monde est sur le front ou dans des usines d'armement et de ravitaillement. Plus les armes s'en vont en fumée, plus il faut travailler pour en produire de nouvelles. Quand les nations se battent, il n'y pas de chômage et tout le monde est suremployé.

La stratégie *casseur de vitres/réparateurs de vitres* peut être appliquée dans un pays assez riche pour se la payer et fonctionnant en système fermé. Un tel pays pourrait même ajouter une protection sociale très généreuse: vacances payées de trois mois par an, semaine de 25 heures, assurances complètes, etc. Si on peut se payer ce luxe, tant mieux. Cependant, cette option n'est pas envisageable dans le cas d'une économie ouverte à la concurrence internationale. Le système de distribution fort généreux causerait, en système ouvert, la faillite des entreprises locales, dont les coûts de main-d'œuvre deviendraient astronomiques par rapport à leurs concurrents étrangers, ou provoquerait leur départ à l'étranger, dans des pays où les coûts de production sont moins élevés. Et puisqu'en système ouvert il y a un nivellement par le bas, les systèmes de protection sociale vont s'équilibrer au niveau du compétiteur le moins généreux, qui aura les coûts de production les moins élevés.

Il résulte de ce qui précède qu'un Québec indépendant, fonctionnant en système ouvert, ne pourra implanter ni une politique artificielle de plein-emploi, ni une politique sociale généreuse.

Option 2: Viser le plein-emploi en acceptant l'appauvrissement de la main-d'œuvre

Toutefois, il est possible de mettre en place une politique de plein-emploi en réduisant les salaires et en acceptant un appauvrissement de la main-d'œuvre: ni les esclaves ni les serfs du Moyen Age n'ont jamais été en chômage, mais qui veut être esclave? La législation sociale des 150 dernières années a allégé le fardeau du travailleur. Va-t-on faire marche arrière et revenir aux excès de la première révolution industrielle? On reproche d'ailleurs aux Américains d'avoir choisi cette politique pour créer des emplois chez eux. Les salaires réels sont aujourd'hui plus faibles qu'en 1959. Les conditions de travail sont en baisse, la sécurité d'emploi est inexistante et la protection sociale laisse à désirer, surtout en matière de santé et pour ceux qui ont le malheur de perdre leur emploi. Certains pays comme le Royaume-Uni, pionnier de la législation sociale, parlent même d'abolir le salaire minimum. En fin de compte, on pourrait assister à ce que certains ont appellé la «maquiladorisation» de l'économie mondiale, où les conditions de travail se détérioreraient partout pour améliorer la compétitivité. Un Québec indépendant en système ouvert ne fera qu'accélérer ce phénomène.

Option 3: Miser sur la compétitivité maximale sans création d'emplois et trouver le moyen de redistribuer les richesses

Le Québec pourra créer d'importantes richesses, s'il abandonne entièrement l'objectif du plein-emploi, opte pour une compétitivité maximale basée sur les technologies de pointe et trouve le moyen de redistribuer ses richesses et d'améliorer le sort des travailleurs sans avoir recours à la création d'emplois artificielle. Mais sa capacité de redistribution sera fortement limitée par la mondialisation et l'ouverture de son économie. Une tentative de redistribution par l'imposition (par exemple, par une taxe sur l'automation) va décourager l'innovation ou provoquer le départ d'entreprises et de particuliers. Il est impossible aussi de redistribuer les richesses en créant de la monnaie, à moins que le Québec ne choisisse sa propre monnaie, un scénario qui, comme nous l'avons vu plus haut, crée beaucoup plus de problèmes qu'il n'en résout.

Si par contre le Québec opte pour la compétitivité maximale sans redistribution des richesses, sous une forme ou sous une autre, il créera une économie duale, avec des nantis et des inclus d'une part et des pauvres et des exclus de l'autre, qui pourrait engendrer une révolution sociale ou du moins un exode massif. L'appui à l'indépendance vient surtout de ceux qui pensent, à tort, qu'elle va améliorer leur sort. Lorsqu'ils s'apercevront que ce n'est pas le cas, ils se révolteront.

CONCLUSION : UNE POLITIQUE PUREMENT QUÉBÉCOISE DE PLEIN-EMPLOI ASSORTIE D'UNE PROTECTION SOCIALE ADÉQUATE A PEU DE CHANCES DE RÉUSSIR EN SYSTÈME OUVERT

Quelle conclusion générale pouvons-nous tirer concernant le mythe du plein-emploi indépendantiste? Compte tenu des forces qui affectent le niveau de l'emploi, la qualité de la vie au travail et la protection sociale en général, la marge de manœuvre d'un gouvernement dans ce domaine dépend entièrement de sa volonté et de sa capacité à contrôler pleinement son espace économique. Le phénomène de mondialisation et la possibilité permanente de relocalisation d'entreprises indiquent que, même si la volonté est là, la capacité pour un petit pays de 7 millions d'habitantsde fermer ses frontières est quasiment nulle. Seuls les grands ensembles comme l'Union européenne, les États-Unis ou la Chine peuvent choisir de se fermer. Au risque de rester en marge de l'économie mondiale et de rétrograder, le Québec ne peut sérieusement envisager de devenir une économie fermée. Le Canada, lui-même, 7e puissance industrielle du monde et pays continent ne peut sérieusement envisager l'option de fermeture. Pour le Canada comme pour le Québec, la solution aux problèmes de l'emploi passe par des accords internationaux, préférablement à l'échelle de la planète ou du moins à l'échelle continentale. Le problème de l'emploi est maintenant universel et l'accès à l'indépendance d'un petit pays comme le Québec, loin de changer cette situation, ne fera que l'aggraver.

MYTHE 9: Le peuple québécois a droit à l' autodétermination

Mise en contexte

Il existe, dans l'esprit du public québécois, une confusion volontairement entretenue par Jacques Parizeau et Lucien Bouchard, sur la question du droit du Québec à se séparer, fondé sur le «droit à l'autodétermination», du droit des autochtones à se séparer eux aussi et des frontières d'un Québec indépendant. Tandis que les autochtones ont, à diverses reprises, menacé de tenir, si nécessaire, leur propre référendum sur l'indépendance pour confirmer leur attachement au Canada, Lucien Bouchard et Jacques Parizeau affirment que seul le «peuple québécois» a le droit de se séparer et que les frontières d'un Québec indépendant sont inviolables. Toutes ces questions, laissées dans le flou, créent une confusion dans l'esprit du public et lui donnent l'illusion que la séparation du Québec est un acte qui va de soi, si le peuple le veut, puisque l'État québécois peut se créer par un seul coup de baguette magique.

Or, les questions relatives au territoire et à l'autodétermination sont très délicates. Les indépendantistes savent que la question des frontières d'un Québec indépendant peut être sujette à discussion et que les mêmes arguments employés par le Québec pour «légaliser» le processus d'indépendance, peuvent être utilisés par d'autres groupes minoritaires à l'intérieur du Québec. Ils savent aussi que les possibilités de dérapage de part et d'autre sont réelles: d'une part, un durcissement de la position des autochtones, comme nous avons pu le voir récemment; d'autre part, un durcissement de la position des indépendantistes, qui comme Jacques Brassard, n'hésitent pas à dire que si, nécessaire, il faudra faire appel à l'armée pour calmer les récalcitrants; et enfin un durcissement de la position du reste du Canada qui pourrait craindre pour son propre avenir.

Nous allons chercher ici à voir quelle est la réalité derrière ce mythe si bien entretenu.

LE QUÉBEC N'A AUCUN DROIT AUTOMATIQUE À LA SÉPARATION: LA COMMUNAUTÉ INTERNATIONALE SERA SEULE JUGE DE LA VALIDITÉ DE CETTE SÉPARATION.

Le droit interne: en droit constitutionnel canadien, aucune disposition ne permet au Québec de se séparer

En droit constitutionnel canadien, aucune disposition ne permet au Québec de se séparer. Théoriquement donc, il faudrait un amendement à la Constitution du Canada (partie V de la loi constitutionnelle de 1982) pour que le Québec puisse se séparer légalement. Cet amendement devrait être approuvé par Ottawa et par toutes les provinces, même s'il semble exister un consensus non expressément formulé selon lequel un oui massif à un référendum clair sur l'indépendance du Québec serait l'expression de la volonté populaire des Québécois.

On peut spéculer ici si un oui au référendum sur l'indépendance du Québec pousserait Ottawa et les provinces à voter unanimement un amendement constitutionnel permettant la séparation «légale» du Québec. On peut en douter et ce, pour plusieurs raisons.

Tout d'abord, le reste du Canada a un intérêt immense dans ce débat: un regard «prospectif» sur l'avenir nous permet de prévoir une crise économique et financière grave pour le reste du Canada (tout comme pour le Québec d'ailleurs), si le Québec venait à se séparer. On assisterait, par ailleurs, très certainement à un renforcement des forces de démembrement dans le reste du Canada et l'on pourrait assister à court ou moyen terme à un fractionnement du reste du Canada en diverses entités et même au rattachement de certaines de ces entités aux États-Unis. Sur quel fondement empêcher l'Ouest, par exemple, de partir, si le Québec s'en va et si le reste du Canada vit une dépression économique grave?

C'est en se basant sur cette prospective que le Bloc québécois dans son programme affirme que le Québec indépendant serait un partenaire «incontournable» pour le reste du Canada. C'est oublier que toute négociation serait presque impossible dans un contexte de crise financière et économique vécue par le Canada et un Québec indépendant, combinée à des passions émotionnelles et à une crise autochtone qui en découlerait. Dans cette perspective, il est peu probable que l'unanimité des Premiers ministres du reste du Canada et Ottawa acceptent d'amender la Constitution.

Le droit international: le Québec n'a aucun droit à la séparation fondé sur le droit à l'autodétermination

En droit international, le Québec n'a pas le droit à la séparation fondé sur le droit à l'autodétermination (ou droit des peuples à disposer d'eux-mêmes), car il n'est ni une colonie ni un territoire associé. Toutefois, en droit international, rien n'empêche le Québec de se séparer si la population le désire. Mais, c'est à la communauté internationale de valider ou non cet état de fait, ce qu'elle fera ou non dépendant des circonstances. L'équilibre est donc délicat. Cette position a été développée dans une étude sur «l'intégrité territoriale québécoise dans l'hypothèse de l'accession à la souveraineté», commandée en 1992 à cinq experts de droit international, par le «secrétaire des Commissions sur le processus de détermination de l'avenir politique et constitutionnel du Québec» (constituées par la loi 150) (Franck et al., 1992). L'étude parle du «droit à l'autodétermination» du Québec et donne les fondements d'une possibilité de contestation par les autochtones à l'intérieur même du territoire d'un Québec indépendant.

Cette étude, bien que contraire aux conclusions de la Commission Bélanger-Campeau, a été maintes fois citée par Jacques Parizeau et Lucien Bouchard. Elle représente l'avis de la majorité des experts de droit international.

Un regard sur certains aspects de cette étude, que l'on entend si souvent citée de manière incomplète, nous permet d'évaluer les difficultés réelles, sur la scène nationale et internationale du projet indépendantiste.

Les cinq juristes internationaux, Thomas Franck, Rosalyn Higgins, Alain Pellet, Malcolm Shaw et Christian Tomuschat, précisent:

> *«En droit international, le 'droit des peuples à disposer d'eux-mêmes' ou 'droit à l'autodétermination' ne leur confère pas le droit d'accéder à l'indépendance sauf pour les 'peuples coloniaux et ceux (rares) qui leur sont assimilés'.*
>
> *Le droit à l'autodétermination signifie surtout que 'tous les peuples ont le droit de participer aux choix politiques, économiques, sociaux et culturels les concernant'.*
>
> *Le Québec n'est pas juridiquement fondé à invoquer son droit à disposer de lui-même, car on ne peut «raisonnablement soutenir qu'il s'agisse d'un peuple colonial ou qu'il soit privé du droit à une existence propre au sein de l'ensemble canadien et de participer à la vie démocratique.»*

Cependant, rien n'empêche en droit international le Québec de revendiquer son indépendance et de l'obtenir. C'est alors un fait accompli dont la communauté internationale prendra ou non acte.

L'indépendance ne devient vraiment efficace qu'avec la reconnaissance internationale «rapide» de nombreux États tiers.

Il n'y a donc aucun fondement juridique à l'indépendance du Québec, mais bien une situation de fait validée par la mise en place d'institutions politiques propres et par la reconnaissance d'États tiers.

Cette position est partagée par la plupart des experts de droit international. Les deux opinions que l'on pourrait qualifier de «dissidentes», émanent de à la Commission Bélanger-Campeau et de Daniel Turp, professeur de droit international et conseiller de Lucien Bouchard.

Les deux démontrent que l'impossibilité d'arriver à une réforme constitutionnelle significative du statut du Québec dans le Canada, entraîne un droit à la séparation. Daniel Turp va encore plus loin, en précisant que cette impossibilité doit être interprétée comme le refus fait au Québec d'exercer son «droit à l'autodétermination» dans le Canada et l'autorisant donc à se séparer conformément au droit international.

Conclusion: il résulte du droit international comme du droit interne que le Québec ne peut déclarer unilatéralement l'indépendance

Pour les indépendantistes, si Ottawa et les provinces n'acceptaient pas la validité d'un oui à un référendum sur la séparation, Québec proclamerait unilatéralement l'indépendance:

> *«Si Ottawa ne nous reconnaît pas, nous proclamerons nous-mêmes notre souveraineté, tout simplement parce que le monde entier nous reconnaîtra» disait Lucien Bouchard en mai 1994 (Robitaille,1994:A-1,A-2).*

Si l'on analyse cette déclaration à la lumière de ce qui précède, on peut conclure qu'en se plaçant «hors la loi» au Canada, le Québec risque d'affaiblir sa position internationale et ne pas obtenir la reconnaissance des États tiers indispensable à l'existence de son statut d'État. La légitimité d'un tel acte pourrait toutefois provenir d'un «oui» massif des Québécois à une question référendaire claire sur l'indépendance du Québec. Mais devant les développements récents, cette hypothèse semble de plus en plus improbable.

Ainsi, si l'indépendance du Québec n'a pas de fondement juridique en droit international, mais qu'elle devient une situation de fait, il convient de se poser d'autres questions.

LES FRONTIÈRES D'UN QUÉBEC INDÉPENDANT NE SONT PAS IMMUABLES

Les frontières d'un Québec indépendant dans ses relations avec le Canada

Tandis que le Premier ministre Jean Chrétien affirmait en mai 1994: «Tant et aussi longtemps que le Québec reste dans le Canada, personne ne pourra changer les frontières du Québec sans le consentement du Québec». Jacques Parizeau et Lucien Bouchard affirmaient quant à eux que les frontières d'un Québec indépendant sont les frontières du Québec actuel. (Tu Thanh Ha, 1994: A-1,A-2)

Une fois l'indépendance confirmée, la protection des frontières du Québec serait fondée sur un principe de droit international qui est celui de l'«intégrité territoriale des États et de la stabilité des frontières». Ce principe bien établi, a été rappelé à maintes reprises (Art 2, par. 4 de la Charte de Nations-Unies et dans les organisations régionales tel l'art. 12 de l'OEA...) et confirmé par la Cour internationale de justice. Dans cette perspective, l'intégrité des frontières du Québec ne pourrait être remise en cause. Les biens fédéraux seraient transférés au nouvel État, à l'exception des immeubles utilisés à des fins administratives et gouvernementales fédérales, dont le Canada pourrait conserver la propriété.

Mais, si l'on admet ce principe, il convient de noter que rien n'empêcherait le Canada de se prévaloir de ce même droit à l'«intégrité territoriale des États et à la stabilité des frontières», qui confirme le principe juridique international que le droit à la sécession n'existe pas.

On a parfois prétendu que le gouvernement fédéral, ayant cédé au Québec l'Abitibi en 1898 et l'Ungava en 1912, pourrait le réclamer. Cet argument ne tient pas, car on ne peut appliquer des règles de droit privé (contrat de prêt) à des situations de droit international.

On pourrait aussi envisager que certaines régions du Québec, adjacentes à l'Ontario, décident de rester avec le reste du Canada.

Le Québec est divisible et les autochtones pourraient, selon le même processus que le Québec, se séparer et rejoindre le Canada

Si les autochtones réclamaient leur indépendance selon le même processus que le Québec, les frontières du Québec seraient remises en question.

En effet, les autochtones n'ont aucun droit à la séparation, fondé sur le principe de l'autodétermination, mais ils peuvent invoquer les mêmes règles applicables au Québec. Puisque l'indépendance du Québec n'a pas de fondement en droit international, mais est une situation de fait, il serait très difficile pour ce dernier de refuser l'accession à l'indépendance de groupes autochtones et dans une moindre mesure de groupes minoritaires. D'après l'opinion dominante des experts internationaux, les peuples autochtones pourraient, selon le même processus que le Québec, imposer leur sécession et donc à plus forte raison se rattacher au reste du Canada.

Selon l'étude précitée sur «l'intégrité du territoire québécois dans l'hypothèse de l'accession à la souveraineté», il est précisé que :

> *«Il apparaît* prima facie, *que les règles applicables aux relations entre le peuple québécois et le Canada valent* mutatis mutandi, *s'agissant des rapports entre un Québec ayant accédé à la souveraineté et des groupes qui apparaîtraient alors comme ses propres minorité nationales.»*

Cette opinion est confirmée par Daniel Turp, professeur de droit et conseiller de Lucien Bouchard, qui écrit:

> *«Les nations autochtones, en ce qui concerne leur droit à l'autodétermination en vertu du droit international, sont dans la même situation que les Québécois...»* [traduction] (Turp, 1992:111-118).

Rien ne s'opposerait donc à ce qu'un ou plusieurs peuples autochtones décident de créer un ou des États indépendants dans un Québec souverain. Ces États autochtones invoqueraient une situation de fait qui devra être reconnu par des États tiers, comme peut le faire un Québec indépendant. Un Québec souverain invoquant le même principe serait dans une position difficile pour refuser ce droit, *a fortiori* si les nations autochtones décident de se rattacher au Canada.

Cette séparation dans la séparation serait plus facile pour les peuples autochtones que pour des minorités. A la différence du droit des «peuples» ou de ceux d'une «nation», le droit des minorités ethniques, linguistiques ou religieuses est un concept de droit international moderne. Bien qu'on puisse concevoir le cas où une minorité ait un territoire bien défini, dans l'ensemble, les minorités du Québec sont un peu partout dans le Québec et ne possèdent pas de territoire, élément fondamental pour faire l'indépendance. Toutefois, s'il était démontré que, dans un Québec indépendant les minorités étaient brimées, elles pourraient faire des pressions sur le gouvernement québécois pour obtenir leur propre autonomie ou indépendance.

Comme nous allons le voir un peu plus loin, les peuples autochtones sont soumis à un régime spécial et le droit international tend à leur reconnaître des privilèges étendus sur leurs terres et territoires ancestraux. Bien que ces droits n'incluent pas la sécession, les peuples autochtones occupent des territoires tangibles, leur permettant de faire l'indépendance selon le même processus que le Québec.

ON PEUT ENVISAGER DES DIFFICULTÉS POUR LA RECONNAISSANCE D'UN ÉTAT QUÉBÉCOIS SUR LA SCÈNE INTERNATIONALE, À LA SUITE D'UN OUI À UN RÉFÉRENDUM

Il semble y avoir un consensus généralisé qu'en cas de oui massif (très peu probable) des Québécois à la séparation, la communauté internationale suivra le reste du Canada dans la mesure où ce dernier reconnaît un Québec indépendant. Nous pouvons toutefois envisager un certain nombre de difficultés à cette reconnaissance, car les États tiers pourraient refuser de reconnaître un Québec indépendant.

En effet, la reconnaissance internationale d'un Québec indépendant dépendra de la conjonction d'un certain nombre de facteurs d'ordre politique.

Il y a donc deux scénarios possibles:

Le premier scénario est le plus optimiste, pour les indépendantistes, mais le plus improbable: la communauté internationale reconnaît immédiatement un Québec indépendant, à la suite d'un oui à un référendum sur l'indépendance

Cette reconnaissance dépendrait cependant de la conjonction d'un certain nombre de facteurs politiques. Il faudrait que le Québec et le Canada négocient une séparation à l'amiable dans laquelle tout le monde s'accorde sur le partage des actifs et de la dette, la délimitation des frontières et que le gouvernement québécois démontre l'efficacité de son nouvel État. En droit international, l'efficacité d'un nouvel État est jugée sur quatre critères essentiels: le nouvel État a-t-il un territoire? Le nouvel État a-t-il une population? Le nouvel État a-t-il un pouvoir politique organisé? Le nouvel État a-t-il un pouvoir effectif sur son territoire et sur sa population? Le Québec pourrait répondre aux trois premiers critères assez facilement. En ce qui concerne le quatrième critère, la communauté internationale jugerait si le Québec a un pouvoir effectif indépendant du gouvernement fédéral et des conditions dans lequelles il a acquis ce pouvoir.

Le deuxième scénario est le moins simple et le plus plausible: les pays leaders de la communauté internationale seraient réticents à reconnaître un Québec indépendant

Il y aurait plusieurs raisons pour cela. La première pourrait être reliée au contexte politique dans lequel le Québec se déclarerait indépendant. Puisque le droit à la sécession n'est pas reconnu en droit international, mais que c'est un fait dont la communauté internationale prend ou ne prend pas acte, les États «poids lourds» de la communauté internationale ne s'accommoderont pas de troubles politiques au Québec. Si le Québec décide de déclarer unilatéralement l'indépendance après un référendum où le Québec serait presque coupé en deux (51 % pour, 49 % contre), il est peu probable que les pays les plus importants de la communauté internationale acceptent de reconnaître un Québec indépendant.

A la suite du résultat des élections provinciales de septembre 1994 où 44,7 % de la population a voté pour le Parti québécois et 44,4 % pour le Parti libéral, l'hypothèse d'un résultat très serré à un référendum portant sur l'indépendance du Québec n'apparaît plus du tout impossible.

Les indépendantistes affirmeraient sans doute que ceci est suffisant pour faire l'indépendance. Mais le reste du Canada et à sa suite la communauté internationale, pourraient remettre en question la validité de l'expression de la conscience nationale, que Jacques Parizeau a qualifiée lui-même en mai 1994 comme «l'expression démocratique d'une volonté claire de la population québécoise» (Lessard, 1994:B-1). Sur cette base, le Canada pourrait refuser de reconnaître un Québec indépendant, afin de ne pas menacer la stabilité économique et politique du pays et de préserver ainsi le bien-être d'une population de 29 millions d'habitants. Le Canada étant un pays de bonne réputation dans la communauté internationale, il est probable que les autres pays n'iraient pas à l'encontre de cette décision.

De plus, il est possible que les frontières du Québec soient remises en question (autochtones, régions frontalières), créant ainsi une confusion politique.

La deuxième raison pour laquelle les pays les plus importants de la communauté internationale hésiteraient à reconnaître un Québec indépendant, pourrait venir de leurs propres intérêts stratégiques.

L'indépendance du Québec serait une première dans le monde moderne: celle d'une province, le Québec, qui a pu se développer et s'épanouir avec une langue et une culture distinctes, à l'intérieur d'un Canada démocratique et prospère, membre du G7. Qui, dans ce contexte, aurait intérêt à reconnaître en premier un Québec indépendant?

La France? Quel intérêt stratégique aurait-elle à reconnaître en premier le Québec et faire cavalier seul, à une époque où l'Europe cherche à développer des positions internationales communes? Comment pourrait-elle alors justifier de ne pas reconnaître le bien-fondé des revendications indépendantistes des Corses ou des Bretons? et que dire des DOM-TOM (Département et Territoires d'Outre-Mer) avec la Martinique, la Guadeloupe, la Nouvelle-Calédonie, la Guyane, la Polynésie française ou Saint-Pierre et Miquelon? Quel serait alors le pouvoir de négociation de la France vis-à-vis de ceux qui réclameraient l'indépendance, si elle avait été le premier pays à reconnaître le Québec? Et le Royaume-Uni avec le Pays de Galles et l'Ecosse? Et les États-Unis? Les pays industrialisés ont tous des régions distinctes, composées d'«ethnies» distinctes, qu'ils seraient certainement réticents à voir s'agiter pour avoir trop vite reconnu que le Québec doit devenir indépendant, alors qu'il n'est pas une colonie et qu'il peut s'épanouir au sein du Canada.

Car sur la scène internationale la situation du Québec n'est en rien comparable à celle de l'ex-URSS ou même de l'ex-Yougoslavie, qui vivaient des tiraillements très forts dûs à une grande centralisation «culturelle» et à des régimes autoritaires, pour ne pas dire dictatoriaux. En ex-URSS, par exemple, le pouvoir central russe faisait de très grandes pressions pour empêcher les provinces de développer leur propre autonomie culturelle. L'ex-URSS n'avait aussi de fédération que le nom, puisque tout le pouvoir était centralisé à Moscou. Dans l'ex-Yougoslavie, on avait un territoire composé d'ethnies très différentes, rassemblées par un régime autoritaire, selon des frontières artificiellement créées. Certaines régions de la Yougoslavie vivaient comme dans un pays en voie de développement, tandis que d'autres régions vivaient comme dans un pays industrialisé.

Et même dans ce contexte, la communauté internationale a tiré les leçons d'un mouvement de reconnaissance trop rapide de la Croatie, amorcé par l'Allemagne, qui a précipité le conflit yougoslave en créant l'effet d'une boîte de Pandore, avec l'apparition d'enclaves et du conflit que l'on connaît.

CONCLUSION: LES DROITS JURIDIQUES DU QUÉBEC DANS L'HYPOTHÈSE D'UN OUI AU RÉFERENDUM SONT FLOUS ET CONTESTABLES

Nous concluons, de ce qui précède, que le Québec n'a aucun droit automatique à la sécession fondé sur la constitution canadienne ou sur la jurisprudence internationale. Un oui au référendum pourrait se traduire par la création d'un nouvel État québécois, si elle était acceptée par le reste du Canada et légitimisée par une reconnaissance officielle de la communauté internationale, qui attendrait probablement l'acceptation du Canada et la négociation d'une éventuelle sécession. La communauté internationale ne veut pas créer un précédent trop dangereux et a tiré les leçons d'une reconnaissance trop hâtive par l'Allemagne de la Croatie dans l'ex-Yougoslavie, qui a précipité la guerre civile. Si donc Ottawa décidait de ne pas reconnaître la validité de cette séparation, la communauté internationale pourrait décider de considérer cette situation comme «une affaire intérieure canadienne», au même sens qu'en décembre 1994, elle ne s'est pas objectée à l'usage de la force par les Russes en Tchétchénie.

Dans l'hypothèse où la communauté internationale décide éventuellement de reconnaître la souveraineté du Québec, les peuples autochtones pourraient utiliser le même processus et les mêmes principes pour déclarer unilatéralement la leur, ou réclamer leur rattachement au Canada. Le principe d'un «Québec indivisible» est aussi fort et aussi faible juridiquement que le principe d'un «Canada indivisible». L'expérience internationale nous démontre que lorsqu'un processus de division est amorcé, il est difficile de l'arrêter. D'un point de vue juridique, donc, un oui au référendum, loin d'offrir une situation limpide et claire, comme le prétendent les indépendantistes, ouvrirait une boîte de Pandore dont le contenu est aujourd'hui inconnu. On naviguera dans des eaux troubles sans boussole!

MYTHE 10: La langue et la culture françaises seront mieux protégées dans un Québec indépendant

Mise en contexte

On nous dit que la langue française est menacée par la langue anglaise parlée partout en Amérique du Nord. La situation des francophones serait comme celle d'un cube de sucre qui fond lentement dans une tasse de café. Il faut donc se séparer pour permettre une meilleure protection de la langue et de la culture françaises. La réalité n'est pas aussi simple, mais il convient de remarquer que le discours indépendantiste exprime une inquiétude réelle chez la majorité des Québécois francophones: la peur de voir l'identité culturelle française s'effriter et disparaître. Dans le discours péquiste, on aime à imaginer un combat inégal qui opposerait le Canada au Québec, cet «ilôt» francophone menacé d'être englouti par une mer impérialiste anglo-américaine. Ainsi devient-il évident pour les indépendantistes que la seule solution est le «protectionnisme» culturel et linguistique, le repli sur soi-même dans un État unitaire et unilingue qu'on est sûr de contrôler. Examinons maintenant ces questions une par une, avec un œil critique, d'abord dans un contexte international et ensuite canadien. L'Institut GAMMA avait affectué en 1980, pour le compte du Conseil de la langue française du Québec, une étude portant sur les perspectives du français en Amérique du Nord. L'évolution de la situation linguistique des dix dernières années a renforcé le diagnostic et les tendances qu'elle identifiait, ainsi que la pertinence de ses recommandations.

LE CONTEXTE INTERNATIONAL

Il est impératif de remettre tout le débat sur la langue française dans le contexte international et nord-américain. Que constate-t-on?

Un affaiblissement relatif du français langue maternelle.

Au niveau international on constate que, même s'il y a cinq fois plus de francophones dans le monde aujourd'hui qu'il y a un siècle, le français, langue maternelle, est en perte de vitesse car il se maintient essentiellement dans quatre pays dont le taux de croissance démographique est faible: la France, la Belgique, la Suisse et le Canada, tandis que d'autres langues se sont étendues plus rapidement.

La progression future du français dépend donc de ceux qui parlent le français comme langue seconde. L'Atlas de la francophonie précise: *«Le rayonnement et la progression du français dans le monde se feront surtout grâce à ceux qui parlent le français comme langue seconde. Par l'importance de cette catégorie, le français est unique parmi les grandes langues du monde».*

Le français n'est plus comme jadis, «la» langue de référence de la diplomatie et du savoir. D'après le Haut Conseil de la francophonie, le français est classé 11e. Pour maintenir sa vitalité internationale dans un monde férocement compétitif, face à l'expansion de l'anglais, de l'allemand, du chinois, de l'espagnol ou du japonais, le français doit être moderne, utilisé dans les affaires, les arts, la culture, la science, la technologie. La France et le Canada, tous les deux membres du G7, sont les deux chefs de file de la francophonie, et donnent par leur influence, un grand prestige au français.

La mobilité des facteurs de production a une influence sur le débat linguistique

Comme nous l'avons vu en introduction, le Québec vit dans un monde où l'on assiste à une mobilité transnationale accrue des facteurs de production (ressources, capital, travail, technologie), résultat de l'essor technologique et de l'émergence de la firme multinationale, qui fonctionne selon une logique interne qui lui est propre.

Cette nouvelle donne économique a un impact très important sur la question de la langue. Dans un monde soumis aux flux transnationaux des facteurs de production, chaque pays doit chercher à être le plus accueillant et attirant possible. Or la langue est un des critères de choix. Tandis que les francophones se sentent attirés par l'«Amérique en français», les non-francophones pourraient, dans certaines conditions, être dissuadés de s'installer au Québec et avec eux le capital mobile, la technologie, les cadres, etc. Une société qui fonctionne en anglais est un facteur qui attire la localisation industrielle. Un Québec indépendant qui veut rester compétitif ne pourra pas ignorer ce fait.

La révolution technologique entraîne un accroissement de l'influence de l'anglais, qui est devenu la première langue d'usage dans le monde

A l'aube du XXIe siècle, force est de constater que la révolution technologique place le débat traditionnel sur la langue dans un tout autre contexte: la révolution des transports a créé une ère où chacun voyage sans contrainte; celle des communications permet une connaissance quasi-instantanée de ce qui se passe partout dans le monde; et celle de l'informatique a permis la mise en place de l'«autoroute électronique».

Cette révolution technologique a facilité le mouvement des personnes, par les voyages d'affaires, le tourisme et l'émigration massive, contribuant ainsi à l'émergence d'une véritable conscience planétaire. Les individus ont maintenant à leur disposition un vaste choix de produits culturels, diffusés par les médias électroniques. Un nouvel espace informatique s'est de plus ouvert, où les individus peuvent communiquer librement par réseaux d'ordinateurs interposés, sans contrôle extérieur. La langue elle-même évolue et l'on passe, pour reprendre l'expression de Marshall McLuhan, d'une culture «littéraire» à une culture «visuelle», pouvant entraîner une atrophie des langages nationaux et une perte de la qualité de la langue. Dans ce nouveau contexte et avec le prodigieux essor technologique des États-Unis, l'anglais, dont la grammaire est facile à assimiler, s'est imposé comme le dénominateur commun.

Au Canada, les institutions fédérales bilingues et la grande place donnée au fait français ont pour effet de «réglementer» la concurrence de l'anglais en assurant au français un plus grand espace dans les domaines de la science, des affaires ou de la culture. En maintenant sa dualité linguistique, le Canada renforce la position stratégique du français en Amérique du Nord. C'est par la vitalité de la langue française et de la «créativité en français» que l'on défendra cette langue avec beaucoup plus de succès que par la législation linguistique coercitive. Cette dernière offre une défense fictive, semblable à celle de la Ligne Maginot française qui a été facilement contournée par les avions et les chars allemands au début de la Deuxième Guerre mondiale. Aujourd'hui, les chars et les avions de la lutte linguistique se situent au niveau de la haute technologie et des forces assimilatrices de l'anglais international. Dans cette lutte, la décision de l'Institut Pasteur, il y a quelques années, de ne publier ses travaux scientifiques qu'en anglais, est potentiellement plus nuisible pour l'avenir du français dans le monde et a fortiori au Québec que l'affichage bilingue qui fait couler tant d'encre. Que l'on écrive «McDonald's» plutôt que «Chez McDonald» ne peut détruire la langue française. Un affaiblissement de la créativité scientifique en français est beaucoup plus dangereux pour le fait français, car il entraîne une augmentation du coût de l'unilinguisme dans cette langue, non seulement financier, mais aussi d'un autre ordre: perte de lecteurs, perte d'influence internationale... Comme l'a indiqué le rapport de l'Institut Gamma de 1986, la vraie menace qui pèse sur le français ne vient pas d'Ottawa, mais du désir des francophones qui voudraient s'assimiler volontairement à l'anglais, afin d'améliorer les chances de réussite dans les domaines de la technologie et des affaires.

LE CONTEXTE CANADIEN

Depuis la Deuxième Guerre mondiale, le Canada est le seul pays au monde où le français a étendu sa base géopolitique.

Un cadre constitutionnel et législatif qui a permis de renforcer le «fait français»

Alors que l'anglais devient une langue de plus en plus utilisée dans le monde et que le poids relatif de la francophonie diminue, on constate paradoxalement qu'au Canada l'utilisation du français comme langue d'usage a augmenté et que les francophones ont, depuis les trente dernières années, pris la place qui leur revenait au sein du Canada.

Pendant de nombreuses années, les politiciens du Québec affirmèrent que les Canadiens français étaient fondateurs de la Confédération, tout autant que les Canadiens anglais et qu'à ce titre ils avaient droit à des services gouvernementaux en français et à la protection constitutionnelle du droit des minorités provinciales à recevoir l'enseignement dans leur propre langue.

En 1969, le Parlement canadien vota la Loi sur les langues officielles, qui reconnaît à toute communauté la possibilité de recevoir les services dans la langue officielle de son choix, pourvu que le nombre le justifie. Un peu plus tard en 1982, la Constitution fut amendée pour reconnaître aux minorités provinciales le droit à leurs propres systèmes scolaires. Cette nouvelle Constitution, si critiquée par l'Assemblée nationale, contenait une clause «nonobstant», à laquelle le Québec a recouru pour restreindre certains droits et ressérrer la protection du français. Car parallèlement le Québec s'est doté d'une série de lois établissant le français comme langue officielle (Loi 22 en 1974), restreignant l'affichage commercial en anglais, limitant l'accès aux écoles anglophones (Charte de la langue française, Loi 101 en 1977); Loi 178 (1990). Cette politique linguistique a eu pour effet d'enrayer le mouvement des allophones vers l'anglophonie et a contribué à une bilinguisation des anglophones. D'autre part, on a assisté après 1976, au

Québec, à une émigration massive des anglophones et à une immigration de préférence francophone.

Le Québec a développé une culture qui lui est propre, largement subventionnée par les institutions pan-canadiennes

Il est parfois tentant de présenter la protection du français comme l'enjeu d'une lutte acharnée, menée par les Québécois contre le reste du Canada. Or, la langue française fait partie intégrante de la personnalité du Canada, dont les institutions bilingues jouent un rôle de premier plan dans le développement de la culture d'expression française. Les exemples de Radio-Canada et de l'Office national du film, institutions de renommée mondiale, reflètent l'engagement collectif des Canadiens, depuis plus d'un demi-siècle, en faveur de la langue française. A ces institutions se sont ajoutés le Conseil des Arts du Canada, Téléfilm et plus récemment, le Réseau de l'Information, qui est une chaîne télévisée d'information continue en français.

Les créateurs canadiens de langue française bénéficient de deux traditions canadiennes: la première voulant que les institutions maintiennent une politique de non-ingérence («arm's length») en ce qui a trait au contenu des œuvres; la deuxième garantissant aux créateurs francophones une part des budgets globaux qui dépasse largement le pourcentage de francophones au Canada.

Ceci est particulièrement frappant quand on analyse la part des programmes fédéraux d'aide aux arts, aux lettres et à la culture qui va au Québec. En effet, selon les dernières statistiques validées (1991-1992), les artistes écrivains et créateurs du Québec reçoivent 37 % des fonds fédéraux offerts en compétition et à l'échelle pan-canadienne, dans le domaine de la culture. Cet excellent rendement dépasse largement «la juste part» de 25 % généralement réclamée. Il est le reflet de la qualité des projets soumis par la communauté culturelle du Québec, telle qu'évaluée par les comités de pairs canadiens. Le tableau qui suit fait état de la performance québécoise dans les deux programmes majeurs d'aide à la culture, soit le Conseil des Arts (32 %) et Téléfilm Canada (45 %). Il convient de souligner que par sa force dans le domaine des lettres et de l'édition, la communauté québécoise rafle 40 % des fonds alloués à ce secteur par le Conseil des Arts.

Le budget de fonctionnement interne de l'administration fédérale au titre de la culture en terre québécoise s'élève à 640 millions $, soit près de 30 % de l'ensemble canadien. Ce bon rendement découle principalement de la position stratégique, dans la région montréalaise, des installations de l'Office national du film et de Radio-Canada.

Le soutien pan-canadien à la culture québécoise est de 45 millions $ plus élevé que si le transfert était fait sur une base démographique.

Le Québec reçoit actuellement 45 % du budget des deux principaux organismes culturels du gouvernement canadien sis au Québec (ONF et SRC). S'il quittait le Canada, il perdrait 185 millions $ par an, sur la base du transfert de sa «juste part» de 25 %.

ORGANISMES PRINCIPAUX	BUDGET TOTAL M$	PART DU QUÉBEC M $	%
Conseil des Arts	87	28	32
Téléfilm Canada	154	70	45
ONF	83	65	78
Radio-Canada	950	380	40

Les francophones sont bien représentés dans le gouvernement fédéral et la fonction publique canadienne.

Au fil des années les Québécois se sont très bien implantés au sein du gouvernement fédéral. Depuis les 26 dernières années on retrouve des Premiers ministres québécois (MM. Trudeau, Mulroney et Chrétien) à la tête du pays. Ce sont aussi des Québécois qui occupent des postes clés, soit comme ministres, soit dans la haute fonction publique, soit dans la fonction judiciaire.

En 1992 28,06 % de l'ensemble des postes de la fonction publique fédérale étaient détenus par les francophones, une proportion supérieure à celle de la population. Dans la région d'Ottawa, la proportion des francophones s'élevait à environ 36 %. (Ces chiffres sont les derniers disponibles: Commission de la fonction publique du Canada, 1992).

Les francophones sont bien représentés dans les postes de cadres au sein des entreprises privées et publiques canadiennes et le contrôle des entreprises faisant affaire au Québec a augmenté.

Jusqu'aux années 60, les francophones se trouvaient sous-représentés dans les postes de direction au sein des entreprises privées et publiques canadiennes au Québec. Ceci n'est plus le cas. Aujourd'hui, les francophones occupent environ 80 % de ces postes, ce qui les place très près de leur situation optimale, si l'on tient compte de la structure de propriété des entreprises au Québec (Raynauld, 1990:21).

De plus, on constate au Québec un accroissement du nombre des sociétés sous contrôle francophone en l'espace d'environ trente ans, puisque le nombre de ces sociétés est passé de 47 % en 1961 à 65 % en 1992.

A l'époque de la Révolution tranquille, le nombre d'entreprises sous contrôle francophone était relativement peu élevé par rapport à la part que les francophones réprésentaient dans la population québécoise. Ainsi, en 1961, le nombre d'emplois dans les établissements sous contrôle francophone, anglophone et étranger était respectivement de 47 %, 39 % et 14 % alors même que les francophones représentaient les trois quarts de la population. Cette situation s'est beaucoup améliorée depuis trentre ans.

En 1971, il y avait déjà une augmentation très nette des entreprises francophones qui sont passées de 47 % à 55 %. Cette augmentation s'est effectuée aux dépens de l'entreprise canadienne anglophone dont la part est passée de 39 % à 31 %.

En 1987, l'entreprise sous contrôle francophone avait encore augmenté pour atteindre 61,6 % mais cette fois, surtout aux dépens de l'entreprise étrangère dont la part a baissé à près de 8 % (Raynauld, 1990:21).

En 1992, selon une étude duConseil de la langue française, le nombre d'emplois sous contrôle francophone est monté à 65 %, tandis que les anglophones ne contrôlaient plus que 26,2 % et les étrangers 8,7 %.

L'écart des revenus entre les francophones et les anglophones au Québec a nettement diminué au cours des trente dernières années.

À l'aube de la Révolution tranquille en 1960, dans la région métropolitaine de Montréal, l'écart des revenus de travail des employés masculins francophones et anglophones était substantiel puisque les anglophones gagnaient 51 % de plus que leurs confrères francophones (Raynauld, 1990:20).

Aujourd'hui, l'écart des revenus entre les anglophones et les francophones n'existe quasiment plus. Une étude du Conseil de la langue française en 1992 précise que les hommes anglophones bilingues gagnaient 10 % de moins que les francophones bilingues et 4 % de moins que les francophones unilingues. L'étude comparait les personnes ayant la même scolarité, la même l'expérience de travail et travaillant le même nombre d'heures de travail par semaine.

CONCLUSION

Le Québec est donc à la croisée de deux tendances: l'une mondiale, ou l'on constate un affaiblissement relatif du français au profit d'autres langues et plus particulièrment de l'anglais, et l'autre canadienne où le «fait français» est en expansion notamment au Québec, grâce à l'effet combiné des législations fédérale et provinciale.

La lutte pour la sauvegarde du fait français se situe donc à deux niveaux: au niveau international et au niveau national.

LES EFFETS DE L'INDÉPENDANCE DU QUÉBEC

Au niveau canadien, un Québec indépendant met en péril la protection de la culture française au Québec

A l'intérieur du Canada, le Québec peut travailler à accentuer sa «francisation» sans se soucier du danger d'isolationnisme ou d'assimilation. La société francophone étant reconnue comme membre à part entière de la société canadienne, elle bénéficie à ce titre de «protections», qui, même si elles sont décriées par certains, lui permettent de continuer sa francisation déjà amorcée il y a plusieurs dizaines d'années. Cette société francophone canadienne comprend le Québec et les francophones hors Québec, qui ont su eux aussi dans bien des cas, conserver leur originalité culturelle. Le cadre canadien sert en quelque sorte d'amortisseur des pressions extérieures.

Par contre, si le Québec se séparait, il perdrait cet «amortisseur» culturel qu'est le Canada et deviendrait réellement, cette fois, un ilôt francophone dans une mer anglophone.

En se séparant, le Québec se retrouverait confronté à deux choix (Institut GAMMA, 1986): d'une part, le Québec pourrait travailler à une «francisation» maximale au prix de sa marginalisation économique, comme dans le cas du Porto Rico qui a, par le passé, choisi la préservation de son identité culturelle au prix de la marginalisation économique. Plus encore pour pouvoir protéger le français dans un Québec indépendant, ce dernier se verrait obligé, compte tenu de la tendance au recul du français dans le monde, de renforcer sa «forteresse» culturelle et d'augmenter ses coûts d'opération (traduction de la culture mondiale anglophone).

D'autre part, il se pourrait aussi qu'un Québec indépendant ne puisse faire face à la nouvelle pression que l'indépendance du Québec mettrait sur la culture francophone. Cette situation augmenterait, paradoxalement, l'éventualité d'assimilation du Québec à la masse anglophone nord-américaine, comme ce fut le cas de la Louisiane, territoire jadis français, ayant choisi l'assimilation volontaire.

A tout le moins, on peut prédire que la marge de manœuvre d'un Québec indépendant pour la protection du français sera considérablement réduite.

En effet, il est improbable qu'un Québec indépendant accepte l'isolement économique pour garantir la survie du français. Très rapidement donc, on peut s'attendre à ce qu'il reconnaisse les droits constitutionnels de la minorité anglophone et assouplisse les lois linguistiques: les restrictions sur la langue d'affichage ou sur la langue d'usage dans les compagnies de plus de 50 employés, afin de rendre le Québec attirant aux facteurs de production mobiles, nord-américains (cadres, entreprises, main-d'œuvre...). On peut sans peine imaginer que les cadres et la main-d'œuvre anglophones de l'extérieur du Québec exigent, pour s'installer au Québec, l'accès aux écoles anglophones, qui, avec la Loi 101 actuelle, leur est refusé. De plus, afin de rester compétitif sur le marché international, le Québec devra favoriser la bilinguisition des Québécois qui, plus que jamais, devront travailler en anglais.

Face à ces contraintes, il peut même arriver qu'un jour les Québécois, dans un Québec indépendant, soient favorables à une assimilation volontaire à la majorité anglophone nord-américaine, ce qui n'est pas le cas actuellement, à l'intérieur du Canada.

Au niveau international: le Québec sera mieux à même de défendre la langue française dans un Canada, membre du G7 et qualifié de «pays francophone» par la francophonie, que comme pays isolé en Amérique du Nord, de 7 millions d'habitants

En effet, la défense et la protection du français passent aussi par sa défense au niveau international. Les pays francophones doivent travailler à augmenter sa vitalité, par l'accroissement du nombre de personnes qui la parlent et de son «degré de modernité», c'est à dire l'utilisation que l'on en fait dans les affaires, les arts, la culture, la science, la technologie...

Au niveau international, cette défense se fait dans l'union des forces francophones. Il est clair que plus le poids économique et démographique du pays qui veut faire avancer sa cause linguistique sur la scène internationale est important, plus l'impact est grand. Ainsi dans la francophonie, la France a un grand rôle à jouer. Le Canada, membre du G7, qualifié par les instances de la francophonie comme «pays francophone» est, à ce titre, un partenaire à part entière dans ce débat. La France et le Canada sont les deux seuls grands États prospères de la francophonie. Les autres pays sont soit des petits pays (Belgique et Luxembourg), soit des États dont l'influence est limitée et les populations francophones minimes (Roumanie, Sénégal, Haïti, Laos, Maroc, etc.). Pour la francophonie, la présence de deux pays membres du G7 est fondamentale, car le seul moyen de contrer le déclin du français dans le monde est d'avoir de grands pays francophones prospères, travaillant à sa vitalité.

En se séparant de la «francophonie» canadienne, le Québec affaiblit sa position internationale pour faire avancer la cause francophone.

Le Québec trouve donc, dans le Canada un «coussin» institutionnel, qui permet d'assurer une meilleure protection de la langue et la culture francophones contre les pressions mondiales sur le français. Car le Québec doit résister à la tendance mondiale vers le recul du français, au profit d'autres langues dont l'anglais. L'action combinée de politiques provinciales et fédérales a permis l'essor du français au Québec par l'accroissement de sa vitalité et de la place des francophones dans les institutions canadiennes. La politique fédérale sur les langues officielles, approuvée par l'immense majorité des francophones, reconnaît le français comme langue officielle au Canada, au même titre que l'anglais. La séparation du Québec du reste du Canada constituerait une menace à la vitalité de la culture et de la langue françaises en Amérique du Nord, car le Québec perdrait des acquis fondamentaux et se verrait dans l'obligation de s'isoler économiquement ou de relâcher ses politiques de francisation, pour protéger sa langue.

CONCLUSION: L'INDÉPENDANCE DU QUÉBEC MENACE PARADOXALEMENT LA SURVIE DE LA CULTURE QUÉBÉCOISE FRANCOPHONE

En effet, le Québec est pris entre deux tendances. La première tendance est mondiale: on constate un recul du français, puisque le français comme langue maternelle se maintient essentiellement dans quatre pays à taux de croissance démographique faible, tandis que l'usage d'autres langues croît plus rapidement à travers la planète (espagnol, chinois...) et que l'anglais règne comme première langue d'usage dans les domaines de la science, de la technologie, des affaires et des relations internationales.

L'autre tendance est canadienne: on assiste à un essor du français au Québec par l'accroissement de sa vitalité et de la place des francophones dans les institutions canadiennes. La politique de bilinguisme officiel, politique fédérale approuvée par la majorité des francophones, reconnaît le français comme langue officielle au Canada, au même titre que l'anglais. C'est, depuis les cinquante dernières années, le plus grand «gain territorial» au monde.

Or, le Canada, loin d'être une menace pour le français, est une protection contre la tendance mondiale à l'affaiblissement du français.

Le Québec trouve donc, dans le Canada, un «coussin» institutionnel, qui permet d'assurer une meilleure protection de la langue et de la culture francophones permettant de contrer les pressions mondiales sur le français.

En se séparant, le Québec perdrait des acquis fondamentaux.

L'indépendance du Québec est donc une solution qui va à l'encontre des intérêts de la vitalité de la culture québécoise francophone et qui en menace la survie.

PARTIE II

Résumé et conclusions

LES DIX MYTHES EN PERSPECTIVE

L'examen approfondi des arguments, que l'on cite le plus souvent pour appuyer la thèse indépendantiste, révèle des failles majeures dans chacun des cas. Ce sont donc des mythes purs et simples qui sont véhiculés et empêchent un réel débat sur le fond dans les discussions sur les enjeux de la séparation du Québec. Pourtant, ces enjeux sont vitaux pour les Québécois, qui vont devoir accepter non seulement une diminution de leur niveau de vie, mais aussi un affaiblissement de la «souveraineté» du Québec. Dans le tableau synthèse (voir pages 197-198, nous résumons chacun de ces arguments et la réplique logique qu'ils provoquent.

1. On nous dit que le fédéralisme canadien est rigide et immuable. Pourtant l'expérience des 130 dernières années indique au contraire qu'il évolue beaucoup, qu'il s'adapte aux nouvelles circonstances, permet une nouvelle redistribution du pouvoir et introduit des éléments novateurs. Certains se plaindront même d'une trop grande flexibilité, préférant la stabilité du système américain. L'évolution fréquente des règles du jeu du fédéralisme canadien, en perpétuelle renégociation, n'est peut-être pas toujours un avantage, mais elle est nécessaire pour répondre aux besoins d'un pays culturellement et économiquement asymétrique.

2. On prétend, sans chiffres ni preuves à l'appui, que le problème constitutionnel canadien provient de la prétendue centralisation excessive de l'État fédéral, envahisseur vorace des compétences et juridictions provinciales. Il n'en est rien. Le Canada est beaucoup moins centralisé que ses deux partenaires de l'ALENA, les États-Unis et le Mexique. On dit que le Canada est le pays le plus décentralisé après la Suisse. Pourtant on constate que la Suisse est, à bien des égards, plus centralisée que le Canada. Notre pays serait donc actuellement la fédération la plus décentralisée du monde. Prétendre

que l'on va sauver le Canada par une décentralisation plus poussée , ou par une «souveraineté-association» ou, encore, par une «déconfédération» prônée par des partis quasi-séparatistes de l'Ouest, c'est proposer des solutions fantaisistes à un problème fictif. Si le système canadien souffre d'une lacune grave c'est précisement parce qu'il manque de coordination et de mise en commun des efforts entre les 11 gouvernements du pays, ce qui entraîne beaucoup de gaspillage et de politiques contradictoires. Il faut tendre vers une harmonisation à l'européenne plutôt que de s'affaiblir par des affrontements inutiles.

3. Le troisième argument très à la mode est de dire que le fédéralisme coûte cher aux Québécois. Ne trouvant aucune confirmation de cette affirmation dans les chiffres, on essaie de prétendre, comme l'a fait en novembre 1994 le Premier ministre Parizeau, que la «largesse du Canada nuit au Québec». Cet argument curieux est peut-être à étudier et fera certainement le bonheur des Albertains qui estiment que le Québec est l'enfant gâté de la Fédération et qu'il faut cesser de lui donner des cadeaux. Mais cela ne nous permet pas de dire que le Québec paie plus qu'il ne reçoit du gouvernement, bien au contraire. Les chiffres sont catégoriques. Au Canada, il y a trois provinces qui donnent (la Colombie-Britannique, l'Alberta et l'Ontario) et sept provinces qui reçoivent et bénéficient de la manne fédérale. Les Maritimes sont les plus grandes bénéficiaires, mais le Québec est lui aussi un récipiendaire important et il n'y a aucun doute que le Québec a reçu plus dans les 50 dernières années qu'il n'a donné.

On ajoutera à cette constatation qu'il faudrait remettre en question l'argument qui prétend que l'appartenance du Québec au Canada n'est justifiée que par le «fédéralisme rentable». Une fédération n'est pas un jeu où le bonheur des uns se fait au prix de l'exploitation des autres. Comme un mariage ou une amitié, une fédération doit apporter d'importants bénéfices à toutes les parties, qui vont bien au-delà des chiffres. C'est une situation où tout le monde est soit gagnant, soit perdant. Toutes les provinces doivent retirer de la Fédération plus qu'elles n'en mettent par l'effet de synergie. Et la raison d'être de la Fédération est remise en question si plus personne ne croit qu'au-delà de la stricte comptabilité, l'union fait la force et qu'à plusieurs on accomplit de grandes choses. Mais le système fédéral est encore et certainement le meilleur moyen de faire face aux grands enjeux complexes du monde moderne.

De plus, au-delà du système fédéral, le Canada a su développer des valeurs propres qui le différencient de son puissant voisin américain et qui lui permettent de conserver son autonomie.

4. Le quatrième mythe touche au problème épineux de l'endettement public, puisque le Canada et le Québec sont déjà très endettés. La combinaison de ce double endettement dans un Québec indépendant pourrait être fatale à la bonne santé économique des deux parties en cause. Aucun scénario plausible ne laisse croire que la séparation du Québec améliorerait les finances de l'État. La division du fardeau de la dette va se faire autour d'une table de négociation où le Québec aura déja utilisé la carte de la menace de quitter le Canada. Il faudra prévoir, après l'indépendance, une période très difficile à cause de la combinaison de la hausse des taux d'intérêt et de la division de la dette. La dette québécoise détenue à l'étranger est déjà importante. La vulnérabilité sera encore plus grande et même inquiétante, si on ajoute aux «étrangers» les détenteurs canadiens non québécois de la dette du Québec (fédérale et provinciale).

5. Quant à la prétendue continuité de l'union économique du Québec-Canada après l'indépendance, elle relève, à notre avis, d'un manque de compréhension des forces en présence. Contrairement à l'époque du référendum de 1980, le reste du Canada n'a plus autant besoin du Québec, à cause de

l'ALENA et de la mondialisation. Ce même argument s'applique pour le Québec, avec la nuance toutefois que ce dernier est, par sa différence de taille, plus dépendant du marché canadien que l'inverse. La notion d'union économique implique une harmonisation des politiques économiques, incluant les politiques fiscales et monétaires. L'union économique actuelle est déjà incomplète. On voit mal comment et pourquoi l'indépendance du Québec améliorerait la situation. On assistera probablement à la création d'une simple zone de libre-échange entre le Québec et le Canada, semblable à celle de l'ALENA mais pas plus intégrée. Et si l'union monétaire est maintenue ce sera à des conditions moins avantageuses pour le Québec qu'aujourd'hui — à moins que le reste du Canada ne décide d'être particulièrement généreux avec un Québec qui vient de le quitter...

6. En ce qui concerne l'ALENA, il est vrai que, dans un contexte d'élargissement des marchés, on voit mal pourquoi les États-Unis et le Mexique refuseraient l'entrée du Québec. Mais la question n'est pas là. Beaucoup plus subtile et pertinente est la question des conditions d'adhésion. Notre analyse nous porte à conclure qu'elles seront moins intéressantes pour le Québec que dans sa situation actuelle et qu'il devra renoncer à beacoup d'avantages acquis, à moins, encore une fois, que les autres partenaires (y compris le reste du Canada) décident d'être particulièrement altruistes envers le Québec.

7. Au chapitre de la compétitivité, une indépendance du Québec signifierait d'abord que l'utilisation de certaines des politiques interventionistes (Québec Inc.) seraient remises en question, car, alors qu'elles sont acceptables dans le cadre de la Fédération canadienne, elles seraient jugées contraire aux accords internationaux. Là encore le Québec devrait accepter une perte de contrôle. De plus, sans la médiation du gouvernement fédéral canadien qui ne sera plus mandaté pour protéger les intérêts du Québec, les relations économiques Québec-Ontario se feront dans un climat de

concurrence beaucoup plus acharnée qu'aujourd'hui. Ceux qui pensent que le Québec sortirait automatiquement vainqueur dans ce genre de relations sont d'un optimisme naïf.

8. Devant le problème complexe du chômage, il est difficile d'accepter l'argument de ceux qui pensent qu'un Québec indépendant pourra mieux atteindre son objectif de plein-emploi qu'actuellement. Les forces et turbulences engendrées et alimentées par la mondialisation, ainsi que par les changements technologiques, qui déterminent le niveau de l'emploi, n'épargneront pas un Québec indépendant. C'est uniquement si le Québec accepte de se refermer sur lui-même qu'il pourra peut-être réussir le pari du plein-emploi, en optant pour des emplois artificiels, financés par des déficits budgétaires accrus, assortis de mesures protectionnistes. Puisque ce scénario est improbable, un Québec indépendant sera autant, sinon plus sensible aux tendances actuelles qui affectent le chômage au niveau mondial. Afin d'éviter la tendance mondiale au nivellement par le bas, l'élaboration d'accords internationaux qui visent l'harmonisation des conditions de travail serait une solution au problème de l'emploi, sans faire appel au protectionnisme. Pourquoi le Québec pourrait-il mieux réussir dans cette entreprise que les grandes nations déjà établies?

9. De plus, quand le PQ et le BQ affirment que le principe du droit à l'autodétermination implique qu'un oui au référendum habiliterait le Québec à proclamer son indépendance unilatéralement, ils ne fondent leur affirmation sur aucun des textes juridiques canadiens ou internationaux. La constitution canadienne, qui reste la loi du pays jusqu'à preuve du contraire, n'a aucune clause qui prévoit la sécession d'une province. Le droit international ne reconnaît pas non plus le droit à la sécession, sauf pour les colonies (ou territoires assimilés). L'éventuel succès de l'indépendance du Québec dépendra donc de sa capacité à être reconnu par le Canada et par la communauté internationale. La communauté inter-

nationale sera extrêmement prudente, avant de s'embarquer dans une telle aventure en Amérique du Nord, et ne légitimisera la nouvelle situation qu'en temps opportun et seulement si le Canada accepte la sécession (à la suite d'un oui massif, après de longues négociations).

Les frontières actuelles du Québec ne sont pas coulées dans le béton car les peuples autochtones peuvent, eux aussi, invoquer leur propre indépendance en se basant sur les mêmes arguments que le Québec (référendum populaire, contrôle d'un territoire, appel à la sympathie internationale, etc). Ils peuvent aussi demander un rattachement au Canada.

Pour toutes ces raisons, l'idée de proclamer unilatéralement, à la suite des festivités de la St-Jean, une indépendance qui serait immédiatement acceptée par tout le monde est irréaliste. Tout sera remis en question, y compris les frontières.

10. Enfin, le dossier de la protection de la langue et de la culture française: la nécessité de protéger la langue française est l'argument le plus utilisé en faveur de l'indépendance. Cette dernière, accompagnée d'une législation linguistique coercitive, serait donc l'instrument privilégié par les indépendantistes. Hélas encore une fois, les forces géopolitiques en présence n'appuient pas cette thèse. Le repliement politique et économique d'un Québec indépendant affaiblirait la vitalité du fait français en Amérique du Nord. Privé du Canada, qui agit comme «coussin» protecteur contre l'accroissement mondial de la langue et de la culture anglaises, et privé des mécanismes canadiens qui institutionnalisent et promeuvent la langue française, le Québec sera le seul défenseur du français en Amérique du Nord, dans un océan anglophone et hispanophone. Confrontés aux forces d'assimilation technologiques et économiques, nous pourrions craindre pour la survie du français à long terme en Amérique du Nord. Si le Canada n'existait pas, le Québec aurait intérêt à l'inventer.

LA SOUVERAINETÉ TROMPEUSE

La récapitulation des faiblesses de l'argumentaire indépendantiste nous porte à revenir à la case de départ et à reposer les questions énoncées dans le chapitre introductif: quelle souveraineté nous propose-t-on dans un Québec indépendant et dans quelle mesure le sort des Québécois va-t-il être amélioré ? Nous répondrons à cette question en invitant le lecteur à examiner le tableau synthèse. Il est clair que la thèse indépendantiste se cache derrière l'ambiguïté linguistique et sémantique, probablement voulue, du mot «souveraineté».

Cette «souveraineté» pourrait évidemment se limiter aux seuls symboles de l'indépendance? On met l'accent sur les rituels, le visuel, les fêtes populaires, le cérémonial. Le chef d'État a une résidence officielle, le pays a un drapeau, un hymne national, un passeport québécois (en plus du passeport canadien) et une représentation diplomatique étrangère. Le nouveau pays occupe des sièges au FMI, à la Banque Mondiale, à l'UNESCO, à l'OCDE, aux Nations-Unies. La St- Jean-Baptiste devient la journée de l'indépendance nationale. Cette souveraineté symbolique pourrait refléter le caractère distinct de la société québécoise. Le simple fait de déclarer, après le référendum, que le Québec est souverain, serait suffisant à prouver que les Québécois sont maîtres de leur avenir, même s'il fallait, quelques jours plus tard, signer un acte de reconfédération avec le reste du Canada.

Mais il y a aussi les vrais indépendantistes qui souhaitent une souveraineté réelle qui se manifesterait par l'exercice de pouvoirs substantiels. Les mercantilistes comme Montchrétien, Richelieu ou Colbert prétendaient que la véritable souveraineté, c'est le pouvoir de frapper monnaie et donc de contrôler sa politique monétaire. Plusieurs monétaristes seront du même avis. Le pouvoir d'émettre sa monnaie est le pouvoir authentique du souverain. Se priver de ce pouvoir, c'est limiter sa souveraineté, ce que fait le projet indépendantiste qui rejette cette option et offre de rester dans la zone monétaire du dollar canadien. Cette décision est prudente, comme nous l'avons vu dans le chapitre sur l'union économique canadienne, mais elle dilue considérablement la portée de la souveraineté d'un Québec indépendant, en réduisant ses pouvoirs à l'intérieur de la zone monétaire.

La souveraineté réelle, c'est aussi la capacité de se défendre. Or, si le Canada peut à peine se défendre, s'il est attaqué par son seul voisin américain, le Québec serait encore moins équipé pour offrir une force de dissuasion valable, contre les États-Unis, le RDC ou même un aggresseur extérieur, à moins qu'il investisse massivement dans une armée québécoise, ce qui est improbable. Le Québec indépendant devra donc compter sur les parapluies sécuritaires canadien et/ou américain.

Un Québec indépendant risque de se heurter de plein fouet au mur des interdépendances planétaires. Il n'existe donc pas, au Québec, de parti réellement indépendantiste car la souveraineté réelle est un scénario improbable. En effet, on ne retrouve pas au Québec le radicalisme que l'on peut retrouver dans d'autres mouvements indépendantistes. Le mouvement indépendantiste est poli, convivial, fondé sur des concepts juridiques flous et n'enflamme pas trop les passions. Il suffit d'aménager le *statu quo*, de changer quelques symboles, de remanier les lois, de restructurer la hiérarchie des lois et réglements et d'appeler le tout «souveraineté».

LE PIÈGE DE l'INDÉPENDANCE

Alors pourquoi, nous diront certains, ne pas choisir cette option inoffensive et purement affective? Pourquoi ne pas proclamer l'indépendance du Québec et procéder immédiatement à la reconfédération du Canada, avec une monnaie unique, une harmonisation fiscale, des alliances stratégiques avec d'autres provinces, etc. Ce scénario, à première vue attrayant, ne résiste pas à l'analyse.

La raison d'être du Canada ne peut être seulement économique. Si on lui enlevait la dimension politique, le projet de société, les idéaux, il n'y aurait pas suffisamment de raisons pour créer un pays de la taille d'un sous-continent, peuplé par seulement 29 millions d'habitants concentrés sur une étroite ceinture de 200 kilomètres sur la frontière américaine. Les impératifs économiques dicteraient plutôt un libre-échange continental et une fusion éventuelle avec les États-Unis. Mais les caractéristiques politiques, culturelles et sociales du projet canadien en font sa raison d'être. Les Canadiens de toutes origines reconnaissent le caractère distinct du Canada par rapport aux États-Unis et apprécient les valeurs canadiennes. Bien que la fameuse «identité canadienne» soit parfois difficile à cerner, il existe un ciment socio-culturel et politique et tout le monde, francophone, comme anglophone, veut jalousement conserver son passeport canadien.

En se séparant, le Québec brise ce projet socio-politique et oblige à tout remettre en question. L'intégrité et l'homogénéité du Canada anglais est un mythe fait au Québec. Si le Québec s'en va la Colombie-Britannique va-t-elle rester? Le reste du Canada pourra-t-il politiquement survivre avec 50 % de la population du pays et la presque majorité absolue dans la Chambre des Communes représentant l'Ontario? Les Provinces maritimes, géographiquement séparées du reste du Canada anglophone, pourront-elles continuer à être les parents pauvres, récipiendaires de la péréquation fédérale? Tout ceci reste flou. Il est fort probable que le reste du Canada ne survive pas longtemps au départ du Québec et il est possible que des accords politiques soient négociés avec les États-Unis. Dans cette hypothèse, le grand partenaire du Québec indépendant, ne sera peut-être plus là. Il sera peut-être fragmenté et la république du Québec pourra se trouver, dans 10 ou 15 ans, marginalisée dans une Amérique du Nord des États-Unis.

C'est pourquoi l'idée d'un Québec indépendant souverain est trompeuse. Même symbolique, la souveraineté réduira la puissance réelle du Québec et accélérera l'effondrement politique du Canada. En cherchant ainsi à acquérir plus de pouvoirs alors que les conditions géopolitiques lui sont défavorables, le Québec perdra son influence. C'est donc ceux et celles qui militent en faveur de l'appartenance du Québec à l'ensemble politique canadien qui se comportent en amis des intérêts du

Québec, et non ceux qui encouragent le Québec à l'indépendance.

Car est-ce vraiment cela que veulent les Québécois? Veulent-ils, pour avoir le plaisir de se déclarer indépendants, perdre les leviers de commande qui font déjà du Québec une province distincte «souveraine» dans bien des domaines et influente dans les autres? Veulent-ils dépendre totalement et définitivement des pays étrangers pour les orientations à donner à leurs politiques économiques et sociales? Sont-ils prêts à mettre en péril la survie de leur caractère distinct francophone et à diminuer leur niveau de vie pour une période indéfinie? Nous ne le pensons pas.

Au sein du Canada, le Québec a toujours eu des leviers politiques importants. Ainsi, l'habitude historique de voter en bloc, pour le parti fédéral gagnant, lui a permis de jouir d'une influence politique considérable dans le pays. Depuis 1968, les Premiers ministres du Canada ont tous été québecois, à l'exception des courts mandats de Joe Clark, John Turner et Kim Campbell, qui ont été défaits après avoir perdu l'appui du Québec. En abandonnant, en1993, cette habitude de voter pour le gagnant et en choisissant volontairement d'envoyer à l'opposition 54 députés du Bloc québécois à Ottawa, le Québec a abandonné une de ses armes les plus redoutables : le contrôle de la Chambre des Communes fédérale, qui avait atteint son apogée pendant l'ère de M. Trudeau et de M. Mulroney. C'est maintenant l'Ontario qui domine le gouvernement fédéral en envoyant à Ottawa 98 députés libéraux sur 99.

De plus, le Québec a toujours fait valoir le point de vue nationaliste d'une société distincte, que ce soit avec Maurice Duplessis , Jean Lesage, Daniel Johnson père, Robert Bourassa, René Lévesque, Pierre-Marc Johnson ou Daniel Johnson fils. Il a donc toujours obtenu beaucoup. En accédant à l'indépendance, le Québec abandonnerait cet atout. C'est donc avec un faible pouvoir de négociation et avec un PIB et une population inférieurs à ceux de ses interlocuteurs, que le Québec essaierait, à la table de négociation, d'obtenir un meilleur contrat de réassociation avec le reste du Canada. La stratégie apparaît si gauche qu'elle serait, nous en sommes convaincus, rejetée par un Clausewitz ou un Machiavel, s'ils étaient appelés de leur tombe pour conseiller le gouvernement du Québec. Non seulement l'indépendance du Québec va détruire le Canada, mais aussi et surtout va affaiblir le Québec !

Nous résumons donc notre analyse du projet d'indépendance du Québec par les deux affirmations suivantes, qui expriment pour ainsi dire l'essentiel de notre thèse :

1. La «souveraineté» que nous propose le Parti québécois est essentiellement une illusion. Car dans la mesure où elle est réelle, elle n'est malheureusement pas possible (à cause des interdépendances), et dans la mesure où elle est possible, elle n'est, hélas... pas réelle.

2. Une «souveraineté», même symbolique, en apparence inoffensive, n'est pas souhaitable: tous les scénarios qui en découlent, même optimistes, démontrent paradoxalement un affaiblissement du Québec. Ce dernier, symboliquement souverain en dehors du Canada, perdrait une grande part de l'influence qu'il exerce aujourd'hui au sein du pays, ainsi que sur la maîtrise de son destin. Les meilleurs éléments du projet de société des indépendantistes peuvent mieux se réaliser au sein du Canada.

Par la souveraineté trompeuse, le Québec risque de faire une erreur stratégique inutile et sans appel.

Tableau synthèse

LES MYTHES	LE RETOUR À LA RÉALITÉ
1. Le fédéralisme est rigide et immuable	Le système actuel est flexible et évolutif. On note plusieurs changements depuis 1867 et une capacité d'adaptation aux situations nouvelles.
2. L'État canadien est trop centralisateur	Le Canada est beaucoup moins centralisé que son voisin (les États-Unis) et même moins, dans une certaine mesure, que la Suisse. Ceci ferait de notre pays la fédération la moins centralisée du monde.
3. Le fédéralisme coûte cher aux Québécois	Le Québec a largement bénéficié de sa participation à la Fédération canadienne. Les trois provinces riches (Ontario, Alberta et Colombie-Britannique) subventionnent les provinces moins riches, comme le Québec, qui peuvent ainsi assurer les même services.
4. Un Québec indépendant pourra se soustraire facilement de l'endettement canadien	Un Québec indépendant devra assumer une partie appréciable de l'endettement canadien, en plus du sien. Ainsi il deviendrait le pays le plus endetté des pays de l'OCDE, par habitant.
5. Après l'indépendance, l'union économique Québec-Canada est 'dans le sac'.	Le reste du Canada a, du fait de l'ALENA, beaucoup moins besoin du Québec qu'en 1980, et vice versa. Une union économique Québec-Canada est improbable. Mais il serait possible d'envisager une zone de quasi-libre-échange entre les deux entités.
6. L'adhésion du Québec à l'ALENA se fera sans difficulté	Bien que l'adhésion du Québec à l'ALE et à l'ALENA soit probable, elle se ferait dans des conditions certainement moins favorables qu'actuellement, compte tenu de la marge de négociation réduite dont disposerait le Québec.

7. Un Québec indépendant sera plus compétitif	Un Québec indépendant ne pourra plus compter sur sa participation à la fédération canadienne pour maintenir et améliorer sa compétitivité. Avec une marge de manœuvre restreinte, il fera face à un Ontario et un RDC peu enclin à faire des concessions.
8. Le plein-emploi sera plus facile à réaliser dans un Québec indépendant	À cause de la mondialisation et des changements technologiques, entre autres, un Québec indépendant aura, pour réaliser le plein-emploi, une marge de manœuvre moins grande que dans une union économique canadienne.
9. Le Québec a droit à l'autodétermination	La jurisprudence et les avis d'experts n'offrent aucun appui à cette thèse contestable. Si le Québec se déclare indépendant, il devra obtenir la reconnaissance de la communauté internationale, et ne pourra refuser aux autochtones le droit de rester au Canada.
10. La langue et la culture françaises seront mieux protégées dans un Québec indépendant	Le français serait en péril dans un Québec indépendant. Il serait isolé en Amérique du Nord (même s'il gardait le contact avec les francophones hors Québec) et séparé du Canada, qui agit comme coussin protecteur contre l'expansion mondiale de l'anglais.

BIBLIOGRAPHIE SÉLECTIVE

Akyeampong, E. (1993). *La population active,* catalogue 71-001 (Ottawa: Statistique Canada).

Akyeampong, E. (1987). *La population active,* catalogue 71-001 (Ottawa: Statistique Canada).

Annuaire du Canada (1994). (Ottawa: Statistique Canada).

Baril, J. (1983). *Le marché du travail, Québec* (Québec: Ministère de la Main-d'œuvre et de sécurité du revenu) no 67-75.

Beaudoin, G-A. (1982). *Le partage des pouvoirs* (Ottawa: Éditions de l'Université d'Ottawa).

Beaudoin, G-A. (1994a). «Le statu quo existe-t-il vraiment (1): le fédéralisme canadien n'a jamais cessé d'évoluer au fil des époques», *La Presse,* 29 septembre, p. B-3.

Beaudoin, G-A. (1994b). «Le statu quo existe-t-il vraiment (2): la Cour suprême au secours des politiciens», *La Presse,* 30 septembre, p. B-3.

Beaulnes, A. (1994). «Science, media, politique», *Cité libre,* juillet-août, p. 7-15.

Bélanger-Campeau - Commission sur l'avenir politique et constitutionnel du Québec (1991).*Eléments de l'analyse économique pertinents à la révision du statut politique et constitutionnel du Québec , Document de travail, no 1.* (Québec: Les Publication officielles).

Bellemare, D., Poulin-Simon, L. (1983). *Le plein-emploi: pourquoi?,* (Québec: Presses de l'université du Québec).

Bercuson, D., Cooper, B. (1991). *Deconfederation: Canada without Québec* (Toronto: Key Porter Books).

Bernier, G. (1992). dans *Bilan québécois du fédéralisme canadien,* sous la direction de Francois Rocher (Montréal: VLB).

Bird, R. (1986). *Federal Finance in a Comparative Perspective* (Toronto: Canadian Tax Foundation).

Bouchard, L., éd. (1993). *Un nouveau parti pour l'étape décisive* (Montréal: Fides).

Bureau de Statistique du Québec (1990-1991). *Le Québec et ses régions (Québec: Bureau de statistique du Québec).*

Bureau de Statistique du Québec (1992). *Le Québec et ses régions: Montréal* (Québec: Bureau de statistique du Québec).

Buchanan A. (1992). «Quebec Secession and Native Territorial Rights», *The Network,* March, p. 2.

CEE (1981). *La politique régionale: Principes d'égalité et de développement harmonieux des régions* (Bruxelles: CEE).

Clavet, A. (1994). «L'indépendance pour faire quoi?» *Cité Libre,* novembre-décembre, p. 17-21.

Comité consultatif sur le développement de la région de Montréal. (1987). *Rapport Picard, (Montréal: Ville de Montréal).*

Commission de formation professionnelle de la main-d'œuvre (1987). *Région Métropolitaine de Montréal: Portrait socio-économique* (Montréal: Commission de Formation professionnelle de la Main-d'œuvre).

Commission de la fonction publique du Canada (1992). *Rapport annuel* (Ottawa: Commission de la fonction publique du Canada).

Commission de l'emploi et de l'immigration du Canada (1988). *Perspectives de l'économie et du marché du travail, île de Montréal* (Montréal: Commission de l'Emploi et de l'immigration du Canada).

Congress of the United States (1987). *The Constitution of the United States of America, Analysis and Interpretation.* Doc. no 99-16, p. 151-161.

Conseil des Affaires sociales, Québec (1989). *Rapport sur le développement social et démographique, (Québec: Les Publications officielles).*

Conseil des Affaires sociales, Québec (1990). *Agir ensemble* (Québec: Les Publications officielles).

Conseil du Trésor du Canada, Secrétariat (1991). *Chevauchement et dédoublement des programmes fédéraux et provinciaux,. (Ottawa: Conseil de Trésor du Canada, Secrétariat).*

Conseil national de Bien-être social (1994). *Profil de la pauvreté: Québec, (Ottawa: Conseil national de Bien-être social).*

Conseil privé (1992) *Répertoire des ententes administratives* (Ottawa: Approvisionnements et services).

Courchêne, T.J. (1991). *In Praise of Renewed Federalism* (Toronto: C.D. Howe Institute).

Cournoyer, M. (1992). « Les caractéristiques principales des personnes à bas revenu au Québec», *Interventions économiques,* no 19, p. 93-107.

Dehousse, R. (1991). *Fédéralisme et relations internationales* (Bruxelles: Ed. Bruyland).

Dion, S. (1993). «Les députés du Bloc devraient s'engager à démissionner si le projet péquiste échoue», *La Presse,* 13 octobre, p. B-3.

Economic Council of Canada (1991). *A Joint Venture: The Economics of Constitutional Options, Twenty-Eighth Annual Review, (Ottawa: Supply and Services, Canada).*

Economist (1993). «Not So Amicable», April 17, p. 50-51.

Economist Intelligence Unit (1992). Country Report: Czechoslovakia. no 4.

Economist Intelligence Unit (1993a). *Country Report: Czechoslovakia.* no 1.

Economist Intelligence Unit (1993b). *Country Report: Czechoslovakia.* no 2.

Economist Intelligence Unit (1993c). *Country Report: Czechoslovakia.* no 3.

Economist Intelligence Unit (1993d). *Country Report: Czechoslovakia.* no 4.

Economist Intelligence Unit (1994a). *Country Report: Czechoslovakia.* no 1.

Economist Intelligence Unit (1994b). *Country Report: Czechoslovakia.* no 2.

Economist Intelligence Unit (1994c). *Country Report: Czechoslovakia.* no 3.

European Economy (1990). October.

Finklestein, N., Vegh, G. (1992). «The Separation of Québec and the Constitution of Canada», *Background Studies of the York University Constitutional Reform Project, Study #2* (Toronto: York University).

Fontaine, M. (1994) «Le fédéralisme empêche le Québec de se sortir d'un endettement chronique, soutient Le Hir», *La Presse,* 2 novembre, p. B-4.

Fournier, A. (1991). «Le Rapport Arpin: la réponse trompeuse», *Cité Libre,* novembre. p. 12-14.

Fournier A. et L.- P. Rochon (sous la dir.) (1992) *Thèse et foutaises. Défis pour une nouvelle génération* (Montréal: L'Étincelle).

Fournier, A., Tombs, G. (1992). «The Fall and Rise of the French Language», *World Monitor,* May.

Fournier, A., Tombs, G. (1993). «Oh? Canada?», *World Monitor,* January, p. 42-46.

Fournier, A. (1994a). «Pourquoi Washington et Paris n'ont pas dit Oui à Lucien Bouchard», *La Presse,* 2 juin, p. B-3.

Fournier, A. (1994b). «La force tranquille du Canada», *Politique Internationale,* Printemps, p. 305-317.

Fournier, E (1995). «La Conférence des États américains», *Les Affaires et la vie,* Radio-Canada, 2 janvier.

Franck, T.M. *et al.* (1992). «L'intégrité territoriale du Québec dans l'hypothèse de l'accession à la souveraineté» (Québec: Commission d'étude des questions afférentes à l'accession du Québec à la souveraineté»).

Government Finance Statistics (1993). (Washington: International Monetary Fund).

Ha, T. Thanh. (1994). «Québec's borders are safe within Canada», *The Montreal Gazette,* 25 mai, p. A-1, A-2.

Hogg, P. (1992). *Constitutional Law of Canada* (Toronto:Carswell).

Hughes, R. (1982). *Constitutions of The Countries of the World: Switzerland* (New York: Oceania Publications).

Institut Gamma (1986). *Prospective de la langue française au Québec: rapport pour le Conseil de la langue française,* sous la direction de Kimon Valaskakis (Québec: Editeur officiel du Québec).

ISOGROUP Consultants (1992) «Québec-Canada 2000. The potential for excellence and the spectre of mediocrity», *Report to the Montreal Board of Trade*

Interventions économiques (1989). «La flexibilité du travail et de l'emploi». no 19, dossier thématique.

Jackson. G. (1988). «Mesures et concepts supplémentaires du chômage», *La population active,* catalogue 71-528 (Ottawa: Statistique Canada).

Kloti, U. (1988). «Political Ideals, Financial Interests, and Intergovernmental Relations», *Government and Opposition,* Vol. 23, Winter, p. 91-102.

Lamonde P. (1990). *La transformation de l'économie montréalaise* (Montréal: INRS-Urbanisation).

Langlois. R. (1991). *S'appauvrir dans un pays riche* (Montréal: Éd. St-Martin).

Laurendeau-Dunton (1965). *Rapport préliminaire de la Commission royale d'enquête sur le bilinguisme et le biculturalisme* (Ottawa: Queen's Printer).

Leslie, P. (1991). *The European Community: A Political Model for Canada?* (Ottawa:Supply and Services).

Lessard, D. (1994). «Référendum: Québec n'a pas de permission à demander, dit Parizeau», *La Presse,* 26 mai, p. B-1.

Mackenzie, E. (1994). *Privatopia: Homeowner Associations & the Rise of Residential Private Government* (New Haven: Yale University Press).

Magnet, J.E. (1994).«Crise constitutionnelle à l'horizon», *Le Devoir,* 18 juin. p. A-11.

Mallory, J. (1984). *The Structure of Canadian Government* (Toronto: Gage).

Ministère des Finances du Canada (1994 a). *Les dépenses fédérales* (Ottawa: Ministère des Finances du Canada).

Ministère des Finances du Canada (1994 b). *Les recettes publiques* (Ottawa: Ministère des Finances du Canada).

Ministère des Finances du Canada (1994 c). *Transferts fédéraux aux provinces* (Ottawa: Ministère des Finances du Canada).

Ministère des Finances du Canada, Direction des relations fédérales-provinciales et de la politique sociale (1994d). Données sur les transferts fédéraux vers les provinces (Ottawa: Ministère des Finances du Canada).

Ministère des Finances du Québec (1994). *Budget 1994-1995* (Québec: Ministère des Finances du Québec).

Ministère de l'Industrie et du commerce (1990). *Les PME au Québec, état de la situation* (Québec: Ministère de l'industrie et du commerce).

Ministère de l'Industrie et du commerce (1992a). *Les PME au Québec, état de la situation* (Québec: Ministère de l'Industrie et du commerce).

Ministère de l'Industrie, du commerce et de la technologie (1992b). *Vers une société à valeur ajoutée* (Québec: Ministère de l'Industrie, du commerce et de la technologie).

Ministère de l'Industrie et du Commerce (1993). *Les PME au Québec, état de la situation* (Québec: Ministère de l'Industrie et du commerce).

Ministère de la Main-d'œuvre et de sécurité du revenu (1989). *La PME au Québec, une manifestation de dynamisme économique* (Québec: Ministère de la Main-d'œuvre et de securité du revenu).

Ministère de la Main-d'œuvre et de sécurité du revenu (1992). *Surplus et pénurie de la main-d'œuvre au Québec et ses régions* (Québec: Les Publications officielles).

Ministère de la Main-d'œuvre et de sécurité du revenu (1993). *Le bulletin régional sur le marché du travail* (Québec: Les Publications officielles).

Ministère du Travail du Québec (1992). *Les relations du travail en 1991* (Québec: Ministère du travail du Québec).

Office de Planification et développement du Québec (1988). *Bilan socio-économique de Montréal* (Québec: Les Publications officielles).

Office de Planification et Développement du Québec (1990). *Les régions administratives du Québec,* (Québec: Les Publications du Québec).

Orban, E. (1984). *La dynamique de la centralisation dans l'État fédéral* (Montréal: Québec/Amérique).

Parti québécois, (1994). *Des idées pour mon pays: programme du Parti québécois* (Montréal: Parti québécois).

Pelletier, M. (1992). «Le processus de négociation dans les secteurs public et privé», *Les relations de travail* (Québec: Ministère du travail du Québec).

Pepin-Robarts (1979). *Se retrouver: observations et recommandations,* (Ottawa: Commission de l'Unité canadienne).

Polèse, M. (1988). «La transformation des économies urbaines: tertiarisation, délocalisation et croissance économique», *Cahiers des recherches sociologiques,* no 11, automne.

Rapport Allaire. Commission constitutionnelle du Parti libéral du Québec (1991). *Un Québec libre de ses choix* (Québec: Parti libéral du Québec).

Raynauld, A. (1990). *Les enjeux économiques de la souveraineté* (Montréal: Université de Montréal, Département de sciences économiques).

Rémillard, G. (1980). *Le fédéralisme canadien* (Montréal: Québec/ Amérique).

Richardson, R. (1994). *The Public Debt of an Independent Quebec* (Vancouver: Fraser Institute).

Ritchie, G. (1991). «Putting Humpty Dumpty Together Again: Free Trade, the Breakup Scenario», dans *Broken Links: Trade Relations after a Quebec Secession* (Toronto: C.D. Howe Institute).

Robertson, G. (1994). «Accession à la souveraineté: le PQ manque de réalisme», *Le Soleil,* 22 juin. p. A-15.

Robitaille, L-B. (1994). «Québec proclamera unilateralement son indépendance si Ottawa fait traîner les choses—Lucien Bouchard», *La Presse,* 20 mai, p. A-1, A-2.

Royal Bank of Canada (1992). *Unity or disunity: An economic analysis of the benefits and the costs* (Montreal: Economics Department Royal Bank of Canada).

Smiley, D. (1984). «Public Sector Politics, Modernization: The Canadian and American Experience», *Publius,* Vol. 14, no 1, Winter, p. 39-60.

Statistique Canada (1990). *Industries manufacturières du Canada: niveaux national et provincial,* catalogue 31-203 (Ottawa: Statistique Canada).

Statistique Canada (1993). «Les flux du commerce interprovincial des biens et des services», *Le Quotidien,* catalogue 11-001F, 24 août, (Ottawa: Statistique Canada) .

Statistique Canada (1994). *Enquête mensuelle sur les industries manufacturières,* catalogue 31-101, juin (Ottawa: Statistique Canada)

Tremblay, D.G. (1991). *Le Québec et ses régions* (Québec: Ed. S-Martin).

Turp, D. (1992). «Québec's Democratic Right to Self determination: A Critical and Legal Reflection» dans *Tangled Web: Legal Aspects of Deconfederation* (Toronto: C.D. Howe Institute).

Union des Municipalités du Québec. (1991). *Manuel de formation* (Québec: Union des Municipalités du Québec).

Valaskakis, K. (1980). *Le Québec et son destin international* (Montréal, Les Quinze)

Valaskakis, K. (1990). *Le Canada des années 90: effrondrement ou renaissance* (Montréal: Transcontinental).

Valaskakis, K. (1992). «L'entreprise apatride et les politiques de l'État»,dans *Rechercher les convergences: les actes du colloque d'Aylmer,* sous la direction de Jean Chretien (Hull: Éditions Voyageur).

Valaskakis, K. (1994). «Wanted: a GATT agreement that covers workers», *The Globe and Mail,* April 22.

Ville de Montréal (1991). *Partenaires dans le développement économique des quartiers* (Montréal:Ville de Montréal).

Walker, M. (1994). *Government Spending Facts* (Vancouver: Fraser Institute).

Wall Street Journal (1995) *Federalism & Outloook,* 3 janvier.

William, S. A. (1992). «International Legal effects of Secession by Québec», *Background Studies of the York University Constitutional Reform Project, Study #3* (Toronto: York University).

JOURNAUX ET MAGAZINES CONSULTÉS SYSTÉMATIQUEMENT

L'Actualité
Le Devoir
La Presse
Cité Libre
Globe and Mail
Maclean's
New York Times
Options politiques (IRPP)
The Economist
The Montreal Gazette
The Toronto Star
The Wall Street Journal

ACHEVÉ D'IMPRIMER
EN FÉVRIER 1995
SUR LES PRESSES DE
PAYETTE & SIMMS INC.
À SAINT-LAMBERT (Québec)